Ottokar Hermann Mueller

Recht und Kirche

Ein Beitrag zu der Philosophie des Rechts

Ottokar Hermann Mueller

Recht und Kirche
Ein Beitrag zu der Philosophie des Rechts

ISBN/EAN: 9783742813039

Hergestellt in Europa, USA, Kanada, Australien, Japan

Cover: Foto ©Klaus-Uwe Gerhardt /pixelio.de

Manufactured and distributed by brebook publishing software (www.brebook.com)

Ottokar Hermann Mueller

Recht und Kirche

Recht und Kirche.

Ein Beitrag zu der Philosophie des Rechts.

Von

Dr. jur. utr. Ottokar Hermann Müller,

Pfarrer.

> Ἄνθρωπος ὢν τοῦτ' ἴσθι καὶ
> μέμνησ' ἀεί. — Philemon.

Regensburg.
Verlags-Anstalt vorm. G. J. Manz.
1888.

Buchdruckerei der Verlags-Anstalt vorm. G. J. Manz in Regensburg.

Dem hochwürdigsten Fürst-Erzbischof von Prag

Franz de Paula Graf Schönborn

ehrfurchtsvoll gewidmet.

An den hochwürdigen

Herrn Dr. j. u. Hermann Müller,
Pfarrer in Ebersdorf.

Das vorgelegte Manuskript „Recht und Kirche", das sub. zurückfolgt, darf als eine moral- und rechtsphilosophische Studie von Bedeutung bezeichnet werden, in welcher die Existenznotwendigkeit von Staat und Kirche, sowie die Selbständigkeit und Zusammengehörigkeit beider Gewalten aus der Vernunft nachgewiesen wird, so daß sich dieser Versuch zugleich zu einer Apologie der Kirche und des Christentums gestaltet.

Die Veröffentlichung dieses Manuskriptes wird von seiten des fürst-erzbischöflichen Ordinariates mit Befriedigung bewilligt.

Prag, am 19. August 1887.

Vom fürst-erzbischöflichen Konsistorium.

Dr. Fr. Hrudek,
Kanzler.

Dr. Klemens Borovy,
Rat.

An den Leser.

Vorliegende Blätter wollen einen neuen Weg zur alten Wahrheit weisen. Sie erscheinen, weil mein hochverehrter Lehrer, der Prälat Professor Dr. Lämmer, mit dem ich seit vier Lustren in Verbindung stehe, sich in warmen Worten, für welche ich ihm meinen herzlichsten Dank sage, dafür ausgesprochen hat. Zur Genugthuung würde es mir gereichen, wenn meine Freunde unter den Juristen die hier gegebene Rechtsanschauung zu der ihrigen machen möchten.

Ebersdorf, Kreis Habelschwerdt, den 19. Septbr. 1887.

Der Verfasser.

Inhalt.

		Seite
An den Leser		V
§. 1.	Moral und Recht als Forderungen der menschlichen Natur	1
§. 2.	Die Moral	3
§. 3.	Das Recht	36
§. 4.	Das Verhältnis von Moral und Recht zu der Religion .	54
§. 5.	Das Verhältnis von Moral und Recht zu der Freiheit des Menschen	74
§. 6.	Das Verhältnis von Moral und Recht zu den Lebensverhältnissen im allgemeinen	81
§. 7.	Das Verhältnis von Moral und Recht zu der Ehe . .	89
§. 8.	Das Verhältnis von Moral und Recht zum Eigentume .	96
§. 9.	Das Verhältnis von Moral und Recht zueinander . .	106
§. 10.	Die Vernunftnotwendigkeit von Staat und Kirche als deren natürlicher Rechtsgrund	117
§. 11.	Der Zweck und Begriff des Staates . . .	123
§. 12.	Die politische Notwendigkeit der Kirche	127
§. 13.	Die Kirche pathologisch notwendig und als Forderung der menschlichen Freiheit	144
§. 14.	Die Kirche als unbedingte Forderung des Sittengesetzes. Ihre Kennzeichen	146
§. 15.	Der juristische Begriff der Kirche . . .	152
§. 16.	Die Selbständigkeit der Kirche	154
§. 17.	Die Notwendigkeit der Eintracht von Staat und Kirche .	161

§. 1.
Moral und Recht als Forderungen der menschlichen Natur.

Soll eine Untersuchung überzeugen, so muß sie von Unbestreitbarem ausgehen.
Unstreitig ist der Mensch ein sinnlich-vernünftiges Wesen.[1]) Dies sei unser Princip. Ob Sach- oder Erkenntnisprincip ist vorläufig gleichgültig. Jetzt haben wir von hier nur logisch vorzugehen.
Als vernünftiges Wesen kann der Mensch nur zu einem Zwecke handeln.[2]) Als das vernünftige Wesen der Sinnenwelt muß der Mensch sich selbst als Zweck, alles aber, was der Sinnenwelt angehört, als Mittel betrachten. Denn die Vernunft fordert immer und überall zur Geltung zu gelangen,

---

[1]) Stahl, Fr. J., Philosophie des Rechts, Tübingen und Leipzig, 1878, B. 1, S. 117: „Unzertrennlich vom Begriffe des Menschen sind allein die Merkmale der Sinnlichkeit und des Denkens. Seit Kant bleibt dieser Begriff das Princip." Luk. 12, 57: „Warum urteilt ihr nicht von euch selbst, was gerecht ist?"

[2]) Es ist ein alter Grundsatz der Ontologie: „Causa intelligens, quatenus intelligenter agit, non agit nisi propter finem."

und da sie nur durch ihren Träger zur Geltung kommen kann, so fordert sie von diesem, daß er nicht zu einem bloßen Mittel für etwas anderes werde. Thatsächlich verfügt auch der Mensch von jeher über die Sinnenwelt; jeden Stoff, jede Kraft der Natur zieht er in seinen Dienst: er ist der Herr der Erde.[1])

Ist aber der Mensch kraft seiner Natur der irdische Zweck,[2]) so muß auch sein Wirken — sofern dasselbe vernunftgemäß sein soll — diesem Zwecksein entsprechen. Das Wirken des Menschen muß dem Menschen als seinem irdischen Zwecke dienen.

Nun ist es für den Menschen natürlich, in Gesellschaft zu leben.

---

[1]) 1 Mos. 1, 28: „Unterwerfet die Erde und seid Herr über . . . alle lebendigen Wesen, so sich regen auf Erden."

[2]) S. Isidorus Hispalens. de sum. bono, cap. 11, sent. 1: „Omnia sub coelo propter hominem facta sunt, homo autem propter seipsum." S. Joannes Chrysost. Homil. 16 super Matth. Oper. imperf. S. Thomas, Contra gentiles lib. 3., cp. 112: „Sola intellectualis natura est propter se quaesita in universo, alia autem omnia propter ipsam." Auch Aristoteles sieht in dem Menschen den Zweck und Mittelpunkt der irdischen Natur. Der Selbstzweck schlechthin könnte der Mensch nur dann genannt werden, wenn es kein höchstes Wesen gäbe, dem er zu dienen hat. Dies vorausgeschickt können wir daran erinnern, daß auch nach Kant (Grundleg. zur Metaphysik der Sitten, 2. Abschn.) die sittliche Welt ein Reich der Zwecke ist, indem die sämtlichen Vernunftwesen sich das zum Zweck setzen, daß jeder sich selbst und jeder die anderen bloß als Zweck behandle. Nach Fichte, J. G., System der Rechtslehre, Kp. 2, S. 524 ff. besteht der Inhalt der Rechtslehre, „in dem Rechte des vernünftigen Wesens in der Sinnenwelt nur Ursache zu sein" Stahl a. a. O. Bd. 2, S. 312: „Der Mensch ist ein ursprünglicher und selbständiger, also absoluter Zweck der Schöpfung und des Weltplanes." — Da der Mensch seine Natur von dem Schöpfer erhalten hat und es bei Gott einen Widerspruch nicht giebt, so muß alles, was aus dieser Natur folgt, mit der göttlichen Offenbarung in harmonischem Einklange stehen.

Damit hat jeder eine zweifache Stellung. Zuerst ist er ein für sich selbst bestehendes Ganze, ein Mensch, und führt als solcher ein Leben für sich. Dann ist er auch ein Teil eines Ganzen, nämlich der Gemeinschaft und nimmt am Gemeinleben teil.

Wenn nun die menschliche Natur an das Wirken des Menschen gewisse Forderungen stellt und unser Leben ein zweifaches ist, so müssen sich auch diese Forderungen in zweifacher Weise äußern.

Die unbedingten Forderungen der menschlichen Natur an den Menschen als solchen bilden die Moral; an den Menschen als Glied der Gesellschaft das Recht.

Wie mit Notwendigkeit Licht und Wärme der Sonne entströmen, so entströmen auch Moral und Recht der Natur des Menschen. Mit dieser stehen sie, nur mit dieser könnten sie fallen: sie sind angeboren und unveräußerlich.

---

§. 2.

Die Moral.

Soll das Wirken des Menschen dem Menschen als seinem irdischen Zwecke dienen, so muß es ihm auch wirklich dienlich sein. Denn da es vernunftwidrig wäre, wenn der Mensch um seiner selbst willen sich selbst vernichtete oder in seiner Entwicklung schädigte, so könnte er dies nur eines anderen Zweckes wegen, was aber seinem eigenen Zwecksein zuwider wäre. So muß der Mensch durch sein Wirken sein Dasein zu erhalten und sein ganzes

Wesen bis zur Vollendung oder Vollkommenheit[1]) zu ent=
wickeln streben.[2])
Dasein und Wesen eines Einzeldinges fallen in der
Wirklichkeit durchaus zusammen.[3]) Sein Dasein erhalten
und sein Wesen entwickeln, heißt also soviel wie sein Wesen
erhalten und vervollkommnen.
Soll dies der Mensch, so muß er seinem Wesen ent=
sprechend handeln.[4])
Denn nur dadurch erhält man ein Wesen, daß man
die Forderungen oder Bedürfnisse desselben befriedigt und
„eine Vollkommenheit ist überhaupt nur dann in ihrer

---

[1]) Stöckl, A. Lehrbuch der Philosophie, Mainz 1881. Bd. 2,
S. 40: „Vollkommen nennen wir ein solches Wesen, welchem alles zu=
kommt, was ihm zukommen muß, damit es in seiner Art vollendet sei."

[2]) Hierzu fühlen wir uns auch unwillkürlich gedrängt, denn „jedem
lebendigen Wesen wohnt von Natur der Trieb inne, sich zu erhalten, zu
entwickeln und zu vervollkommnen.... Das Triebleben ist ein ein=
heitliches, sofern es auf ein und denselben Zweck gerichtet ist, nämlich
das Leben nach allen Beziehungen zu erhalten und zu entwickeln...·
Der Lebenstrieb ist die zur Selbstentfaltung und Selbstvervollkommnung
strebende Natur des lebendigen Wesens. Er ist mit dem Leben selbst ge=
geben und von demselben unzertrennlich". So Hagemann G. Psycho=
logie, Münster 1870, S. 106 ff. Und es gewährt jedem Menschen „Lust",
sich zu erhalten und zu entwickeln, denn die Lust ist — wie Noak, Psyche
Bd. 1, S. 49 im Anschluß an Spinoza wesentlich richtig bestimmt —
ein vermehrtes oder gesteigertes Befriedigungsgefühl des Eigendaseins.
So wird der Mensch durch die Totalität seines Wesens, durch seine sinn=
liche wie vernünftige Natur darauf hingewiesen, sich zu erhalten und zu
entwickeln. Doch der Trieb ist animalisch und deshalb unmöglich die
Basis der sittlichen Freiheit. Die Lust ist ein „buntes, veränderliches
Ding" (Plato im Philebus) und bewegt sich als reine Geschmackssache
auf dem breiten Boden der Subjektivität. Das sittliche Handeln aber
ist ein vernünftiges Handeln. Deshalb legt auch der Text nur auf die
Vernunftforderung den Ton.

[3]) Hagemann, G. Metaphysik, Münster 1870. S. 24.

[4]) S. Augustinus de morib. Manich., cap. 2: „Contra naturam
quidquid est, naturae adversatur et eam perimere nititur."

Möglichkeit begründet, wenn sie der Wesenheit kongruent ist."[1])

Was ist nun das Wesen des Menschen?

Wie bei jedem Dinge so muß auch bei jedem Menschen die Wesenheit von einem zweifachen Gesichtspunkte aus betrachtet werden. Jeder Mensch ist ein Mensch, aber auch ein bestimmter Mensch. Als Mensch ist er Träger der allen Menschen der Erde gemeinsamen Wesenheit. Diese wird als die Wesenheit der Art oder die specifische bezeichnet, weil sich durch sie die Menschenart von jeder anderen Art der Lebewesen unterscheidet; sie wird auch das Wesen schlechthin und insofern sie das innere Princip unserer Thätigkeit ist, die Natur des Menschen genannt. Als bestimmter Mensch ist aber auch jedermann der Träger einer ihm allein eigentümlichen oder individuellen Wesenheit, welche ihm allen anderen Menschen gegenüber ein charakteristisches Gepräge aufdrückt.

Was unserer ganzen Art eigentümlich ist, ist für uns allgemein und notwendig, denn es findet sich mit Notwendigkeit bei jedem Menschen der Erde; es ist unveränderlich und von dem menschlichen Willen durchaus unabhängig, denn es ist als Natureinrichtung von dem Schöpfer gesetzt und einfach unverrückbar.

Wenn es nun wahr ist, daß der Mensch sein Selbst zu erhalten und zu entwickeln hat, wenn es ferner wahr ist, daß er zu diesem Zweck seinem eigenen Selbst entsprechend handeln muß, wenn es endlich wahr ist, daß der eine Teil seines eigenen Selbst, nämlich sein specifisches oder eigentliches Wesen seinem Willen durchaus unabhängig gegenübersteht, so ist es auch wahr, daß sich der Wille des Menschen den Forderungen dieses seines Wesens unterwerfen muß. Ist die Harmonie unseres Willens mit unserer Natur notwendig

---

[1]) Stöckl a. a. O. Bd. 2, S. 40. — Jedes lebende Wesen der Welt verfährt, um sich zu erhalten und zu entwickeln, nur in der seiner eigenen Natur entsprechenden Weise. Auch Arzt und Erzieher müssen ihre Pflegebefohlenen nach deren Beschaffenheit behandeln.

und beugt sich unsere Natur in keiner Weise vor unserem Willen, so muß sich unser Wille beugen vor unserer Natur. Wenn der Berg nicht zu Mohammed geht, geht Mohammed zum Berge. So resultiert eine unbedingte Forderung an unseren Willen, ein ethisches Müssen oder Sollen.

Anders steht es mit dem Individuellen. Allerdings ist jedes menschliche Individuum Zweck, denn ist dies der Mensch überhaupt, so ist es auch jeder einzelne, da auch jeder einzelne ein Träger der Menschenwürde ist.[1]) Deshalb ist es vernunftgemäß, daß jeder einzelne sich auch in seiner ganzen Individualität zu entwickeln strebe, daß er also nicht bloß für sein eigentliches Wesen, welches ihm mit allen anderen gemein ist, sondern auch für das ihm allein Eigentümliche Sorge trage. Aber alles, was nur dem einzelnen angehört, ist singulär, zufällig, veränderlich und bildet, insofern sich jeder selbst bestimmen kann, das natürliche Herrschaftsgebiet seines Willens. Darum kann auch das hierauf bezügliche Handeln nicht allgemein, unveränderlich, notwendig und für den Willen geboten sein. Was seiner eigenen Natur nach unter unserem Willen steht, kann durch die Ethik nicht über unseren Willen gesetzt werden: dies wäre unnatürlich und verkehrt. Wohl fordert die Vernunft von dem Willen, daß er sich auch innerhalb dieses seines eigenen Herrschaftsgebietes nur zu Vernünftigem oder Zweckmäßigem entschließe, aber diese Forderung ist nicht unbedingt, sondern ein Rat.[2]) Wenn es nun vernunftgemäß ist, daß jeder auch für das ihm allein Eigentümliche oder Individuelle sorge, dies aber nicht geboten werden kann, so schlägt sich hier mit logischer Notwendigkeit der Kreis des Erlaubten. Wenn Moral und

---

[1]) Stahl a. a. O. Bd. 2, S. 312.
[2]) „Entschließe dich auch hier nur zu Verständigem, doch hier bist du Herr. Dort dagegen fehlt dir alle Einwirkung und damit jede Kompetenz, denn „wo nichts zu machen ist, ist nichts zu wollen". (Berliner Sprichwort.)

Recht nicht jeder Individualität Raum und Licht gewähren, sondern alle in das Prokrustesbett eines Normalmenschen zwängen wollten, so wären sie „wahrhaftig ein hartes Gesetz". Das sittlich Notwendige und das sittlich Erlaubte stehen so im engsten, organischen Zusammenhang miteinander. Es spricht für die Richtigkeit unserer ganzen Anschauung, daß „anerkanntermaßen innerhalb der Sphäre des Erlaubten das Princip der Nützlichkeit und Zweckmäßigkeit entscheidet, welches den Menschen mit wunderbarem Instinkte beherrscht".[1]

Jedem Menschen — er sei auch wie er sei — ist es also erlaubt, sich zu erhalten und zu entwickeln, wie es seiner Individualität zusagt und beliebt, aber es ist eine unbedingte Forderung, daß er dabei seinem Wesen in jeder Beziehung gerecht werde. Sein Wesen ist das Ziel und der Maßstab seines Handelns. Das Ziel, d. h. er muß alles thun, was zur Erhaltung und Vervollkommnung eines Menschen notwendig ist; das ist die eudämonistische Regel. Der Maßstab, d. h. er muß immerdar so handeln, wie es dem menschlichen Wesen entspricht; dies ist die deontologische Regel.[2] So stellen sich die Anforderungen der allen Menschen gemeinsamen Natur als ein notwendiges, allgemeines und unveränderliches Gesetz über das Wollen und Handeln eines jeden Menschen der Erde.[3] Wenn der Mensch sich vor

---

[1] So Walter, F. Naturrecht und Politik im Lichte der Gegenwart Bonn 1871, S. 36.

[2] Wir werden später noch eine selbständige Entwicklung der deontologischen Regel geben, da dieselbe hier nur als dienendes Mittel des Eudämonismus erscheint.

[3] Röm. 2, 14. Cicero de republ. 3, 22: „Ein wahres Gesetz ist die gesunde Vernunft, die mit der Natur im Einklange steht, die einer hat wie der andere, die sich selbst gleich bleibt, unwandelbar ist, die zur Übung der Pflicht durch Gebot aufruft, durch Verbot vom Unrechte abschreckt; es gebietet aber oder verbietet den Rechtschaffenen ebensowenig vergebens als es auf die Schlechtgesinnten durch sein Gebieten oder Verbieten Eindruck macht. An diesem Gesetze darf weder im einzelnen noch

diesem Gesetz nicht beugt, vielmehr seine Individualität dadurch zu seinem Wesen in feindlichen Gegensatz bringt, daß er eines individuellen Nutzens wegen den Forderungen des menschlichen Wesens nicht genügt, so beginnt er nicht nur eine Automachie, einen Kampf mit sich selbst, und damit das traurige Werk der Selbstvernichtung,[1]) sondern er setzt auch das Singuläre über das Allgemeine, das Nichtwesentliche über das Wesentliche, das Zufällige über das Notwendige. Sträubt sich der Mensch gegen seine Pflicht, so sträubt er sich nicht nur (wie wir später sehen werden) gegen Gott, sondern auch gegen sein wahres Selbst,[2]) gegen seinen wesentlichen Nutzen, gegen die Logik.

Das Wesen des Menschen ist das Wesen der ganzen Menschenart. Jedes Individuum darf sich entwickeln, wie

---

durch Beschränkung seines Umfanges noch durch Abschaffung etwas geändert werden; auch kann uns von dessen Erfüllung weder der Senat noch das Volk frei sprechen; ebensowenig brauchen wir einen anderen Erklärer und Ausleger desselben: auch wird nicht ein anderes Gesetz zu Rom, ein anderes zu Athen, ein anderes jetzt, ein anderes künftig gelten, sondern alle Völker und zwar zu jeder Zeit wird ein ewig geltendes und unveränderliches Gesetz verbinden; es wird auch nur einen gemeinschaftlichen Anordner und allgebietenden Gesetzgeber haben, nämlich Gott, der der Urheber, Richter und Feststeller dieses Gesetzes ist; und wer diesem nicht gehorchen wird, wird aus sich selbst heraustreten und indem er die menschliche Natur verschmäht, eben dadurch die größten Strafen leiden, gesetzt daß er auch den anderen Übeln, die man für Strafen hält, entgeht." Hierüber sagt Lactantius Inst. div. 6, 8.: „Wer, der mit Gottes Geheimnis vertraut ist, könnte klarer vom göttlichen Gesetze reden als es hier ein Mann thut, der von der Erkenntnis der Wahrheit weit entfernt (d. h. ein Heide) ist!" Cicero war Eklektiker und hatte diese Sätze von der Stoa, welche nach Diog. Laërt. VII, 87 lehrte, daß man der Natur entsprechend ($\tau\tilde{\eta}$ $\varphi\acute{u}\sigma\epsilon\iota$ $\acute{o}\mu o\lambda o\gamma o\upsilon\mu\acute{\epsilon}\nu\omega\varsigma$) leben solle.

[1]) Matth. 12, 25: „Kein Haus, wo Zwietracht herrscht, kann Bestand haben."

[2]) Aristoteles, lib. 2. Magnor. moral., cap. 11.: „Malus nunquam sibi amicus est, se namque semper oppugnat." Shakespeare in Richard III, Akt 4, Scene 4: „Dein Selbst mißbraucht sich selbst."

es ihm zusagt, aber kein Individuum darf entarten. So ist die Moral das Gesetz der menschlichen Art für jedes menschliche Individuum.¹) — Das Gesetz der Art sehen wir über alle lebenden Wesen herrschen. Jede Pflanze entwickelt sich nach ihrer Art; jedes einzelne Tier zeigt das Streben, sich zu erhalten, aber in diesem Streben verfährt es instinktiv immerdar so, wie es seiner Art eigentümlich und für dieselbe zweckmäßig ist. Da das Tier nicht vernünftig ist, so ist es auch nicht frei; es ist gezwungen nach seiner Art zu handeln und ganz außer stande dagegen zu fehlen. Das Gesetz der Art ist bei ihm ein physisches Gesetz. Der Mensch dagegen kann thatsächlich gegen das Gesetz seiner Art oder unmoralisch handeln, aber er soll es nicht, weil er eben vernünftig ist.²) „Das sittliche Wesen des Menschen besteht darin, daß er nicht unbedingt unter der Herrschaft der Naturgesetze steht, sondern daß er sich bei seinen Handlungen nach seinem eigenen Willen bestimmen kann."³) So zeigt sich die Moral als die durch die Freiheit des Menschen herbeigeführte Modifikation eines ganz allgemeinen physischen Gesetzes. Die Weltordnung ist einheitlich und beruht auf dem einzigen Satz, daß das Wirken eines jeden Dinges dem Wesen desselben entsprechen muß, denn mit dem Sein und dem Wirken der Dinge nach ihrem

---

¹) Der Genius unserer Sprache hat diese Wahrheit längst erkannt, denn er redet von entarteten Menschen und unmenschlichem Handeln. — Daß die Moral das Gesetz der Art sein muß, geht auch aus dem schon oben gegebenen Begriff der Vollkommenheit hervor.

²) Didymus Alex. lib. contra Manich.: „Omnis particeps rationis factus est homo, ut esset probus et non pravus." Wenn der Mensch unmoralisch handelt, so braucht er seine Vernunft, „um tierischer zu sein wie jedes Tier." Goethe im Prolog zum Faust. S. Bernardus Serm. 35 super Cant.: „Ipsis bestiis quodammodo bestialior est homo ratione vigens et ratione non vivens." S. Bonaventura Sermo 4. Dom. 3 post Pentec.

³) Walter a. a. O. S. 64.

(durch das Wesen bestimmten) Sein ist die Weltordnung in ihrer ganzen Gesetzmäßigkeit da. Dieses »agere sequitur esse« ist das Grundgesetz für alle Wesen der Schöpfung, die nichtvernünftigen sowohl als die vernünftigen, und beherrscht nicht nur die Welt des Seins, sondern auch die Welt des Seinsollenden,[1]) dort äußert es sich in einem physischen Müssen, hier in einem ethischen Sollen. Die physische und die sittliche Weltordnung sind nur die zwei Äußerungen derselben Wahrheit, die zwei Anwendungen desselben Gesetzes; die sittliche Ordnung ist nicht etwas der natürlichen Ordnung Fremdes, sondern nur eine durch die Freiheit der vernünftigen Geschöpfe herbeigeführte Modifikation derselben.[2]) Dieser einheitlichen Weltanschauung ist die **Pflicht etwas Natürliches**.

Die Moral enthält, was der Mensch seiner eigenen Natur[3]) und dem Schöpfer[4]) derselben schuldig ist. Als das »noblesse oblige« der Menschenwürde ist die Moral eine

---

[1]) **Darum zieht sich das „agere sequitur esse" durch unser Buch wie der rote Faden durch die Taue der englischen Marine.**

[2]) Dieselbe Auffassung lese ich aus den vielgeschmähten Worten Ulpians in ff. 3, Dig. 1, 1, de justitia et jure: „Jus naturale est quod natura omnia animalia docuit. Nam jus istud non humani generis proprium sed omnium animalium quae in terra quae in mari nascuntur, avium quoque commune est. Hinc descendit maris atque feminae conjunctio, quam nos matrimonium appellamus, hinc liberorum procreatio, hinc educatio; videmus etenim cetera quoque animalia, feras etiam, istius juris peritia censeri." Hier werden die physische Ordnung des animalischen Lebens und das natürliche Recht, welches doch der sittlichen Ordnung angehört, für identisch erklärt.

[3]) Seneca epist. 121: „Quomodo scies, qui mores habendi sunt, nisi quid homini sit optimum inveneris; nisi naturam ejus inspexeris?"

[4]) S. Ambrosius de offic. 1, 27: „Quid est tam secundum naturam quam referre auctori gratiam?"

reine Pflichtenlehre. Sie verpflichtet uns, wirklich als Menschen zu leben, da wir Menschen sind,[1]) und will weiter nichts als die Harmonie unseres Wirkens mit unserem Wesen, unseres Handelns mit unserem Sein.[2]) Dieses natürliche Handeln ist mit Notwendigkeit das gute Handeln. Gut überhaupt ist, was dem Willen entspricht. Was dem menschlichen Willen konform ist, ist psychologisch gut,[3]) was dem göttlichen, ontologisch gut. Da mit dem wahren Willen des Menschen nur dasjenige zusammen-

---

[1]) Lact. Firm. lib. 6. de Divin. instit., cap. 11: „Conservanda est humanitas si homines recte dici velimus." Cap. 10: „Summum inter se hominum vinculum est humanitas, quod qui disruperit nefarius et parricida existimandus est." S. Hieronymus ep. 25. ad Paulam: „Hominem te esse memento."

[2]) S. Augustinus de doctr. christ. cap. 32: „Quia bonus est deus, sumus: et in quantum sumus, boni sumus."

[3]) Wahr ist das Seiende, wenn es erkannt, gut, wenn es gewollt wird. Und schön? Die neueste Forschung hat nachgewiesen, daß alle Musterbauten aller Stile durch den goldenen Schnitt beherrscht sind. Diese „sectio divina" ist aber ein von dem Körper des Menschen abgezogenes Verhältnis. So wird man unwillkürlich an den Spruch des Protagoras erinnert, daß der Mensch das Maß ($\tau\grave{o}$ $\mu\acute{\varepsilon}\tau\varrho o\nu$) aller Dinge sei. Der irdische Zweck muß ja auch das irdische Maß sein! — Das Schönheitsgesetz verlangt nicht nur die Harmonie der einzelnen Teile, sondern auch die Harmonie von Form und Wesen. Nun besteht das Sittliche aus den Forderungen des menschlichen Wesens. Darum kann eine unsittliche Darstellung des Menschen niemals dem Schönheitsgesetz entsprechen. Die Kunst muß sittlich sein; ist sie es nicht, so ist sie nicht Kunst. Bei der Säkularfeier der akademischen Kunstausstellung in Berlin am 23. Mai 1886 sprach unser Kronprinz die denkwürdigen Worte: „Es sei Ihnen die Mahnung an das Herz gelegt, darüber zu wachen, daß unsere Kunst ihrer höchsten Bestimmung nicht untreu werde, der Menschheit, hoch und niedrig, arm und reich, eine Quelle jener Erhebung und Beseligung zu werden, welche zur Gottheit emporhebt." Diese Erhebung zu Gott durch die echte Kunst fühlt man in überwältigender Weise bei der Raphaelschen Transfiguration, den Hymnen in der Sixtina, dem Sursum corda im Lapidarstil zu Köln.

fallen kann, was der Natur des Menschen angemessen ist,¹) so kann ihm in Wahrheit nur jenes Handeln gut erscheinen, das seiner eigenen Natur entspricht.²) Dieses natürliche Handeln entspricht auch dem Willen Gottes. Da nämlich Gott der Schöpfer aller Dinge und infolgedessen die Wesenheit jedes Dinges der Ausdruck des göttlichen Willens ist, so muß, da Gott sich selbst nicht widersprechen kann, die von Gott gewollte Güte des menschlichen Handelns oder die Moralität in der Harmonie unseres Wirkens mit unserem Wesen bestehen.³)

Wenn dieses natürliche Handeln das gute ist, so ist die Tugendhaftigkeit der naturgemäße Zustand und das tugendhafte Wirken die normale Funktion unserer Seele.⁴) Da

---

¹) Aristoteles lib. 2. Ethic. ad Eudomium.
²) Seneca ep. 118: „Bonum est quod ad se impetum animi secundum naturam movet et ita demum petendum est."
³) Preb. 12, 13: „Fürchte Gott und halte seine Gebote; dies ist der ganze Mensch." 3 Kön. 2, 2; Luk. 12, 57; Röm. 2, 14. Weiß, A. M., Apologie des Christentums vom Standpunkte der Sittenlehre. Freiburg i. Br. Bd. 1, S. 363 im Anschlusse an den Angelikus: „Durch nichts nähert sich der Mensch Gott, seinem Schöpfer, so sehr wie durch lebendige Thätigkeit, wenn sie seiner Natur entspricht." Vielleicht wendet man ein: die Bestimmung und damit die höchste Pflicht des Menschen liege in der Teilnahme an der Durchführung des Weltplanes; wolle man also die Ethik aufstellen, so müsse man zuerst den Weltplan entwickeln. Aber wenn es — was wir natürlich nicht bezweifeln — einen Weltplan giebt, so muß auch die Natur des Menschen nach demselben geschaffen und zu demselben disponiert sein. Wie also auch der Weltplan sein mag, so wird doch immer der Mensch für die Durchführung desselben wirken, wenn er seiner eigenen Natur entsprechend handelt. Auch wir wissen, daß die Ethik ihre wissenschaftliche Grundlage in der Metaphysik hat; auch wir werden die Metaphysik brauchen, aber wir brauchen sie noch nicht hier. Freilich ist es bequemer, von oben nach unten wie von unten nach oben zu gehen, aber wir fühlen hier so festen Grund unter den Füßen, daß wir nicht die mindeste Veranlassung haben, davon abzugehen.
⁴) Joan. Gers. part. 4. Descript. terminor.: „Virtus est bona

wir ein Organ, welches nicht mehr normal fungiert, krank nennen müssen, so können wir das Laster als eine chronische Krankheit der Seele bezeichnen.[1]) Die Fähigkeit zur Tugend ist keinem Menschen versagt, vielmehr hat jeder mit seiner Natur auch die natürliche Anlage zu jeder Tugend.[2]) Das Sittliche und Nützliche sind miteinander verwandt. Da nämlich der Glückseligkeitstrieb des Menschen unüberwindlich ist,[3]) so sind wir überhaupt nur einer solchen Ethik fähig, welche den Glückseligkeitstrieb zu befriedigen imstande ist, also ein eudämonistisches Element in sich trägt.[4]) Ist nun ohne weiteres klar, daß unser Glückseligkeitstrieb dauernd

---

inclinatio creaturae rationalis ad operationes naturae suae congruas laudabiliter exercendum." S. Augustinus Epist. 222: „Virtus est interioris hominis pulchritudo." Seneca Epist. 122: „Omnia vitia contra naturam pugnant." S. Augustinus lib. 3. de lib. arb., cap. 14.: „Vitium non aliunde malum est, nisi quia naturae adversatur ejus ipsius rei, cujus est vitium."

[1]) S. Basilius Magnus Homil. 9. Hexaëmer.: „Omne vitium est animae aegritudo: virtus vero sanitatis rationem obtinet." S. Gregorius Magnus, lib. 6. in I. Reg., cap. 8.

[2]) Aristoteles, lib. 2., Phys. cap. 1.: „Non natura neque praeter naturam virtutes in nobis efficiuntur: sed idonei quidem ad ipsas suscipiendas sumus natura." Cicero, lib. 5. de Finib., num. 43.: „Est natura sic generata vis hominis, ut ad omnem virtutem percipiendam facta videatur."

[3]) Stöckl a. a. O. Bd. 1, S. 108: „Wir verlangen eine solche Fülle aller Güter, welche unser Herz vollständig befriedigt und ausfüllt, also nichts mehr zu wünschen übrig läßt und durch keinen Mangel, durch kein Übel getrübt wird. Jeder erfährt jenes unwiderstehliche Verlangen in sich: niemand kann dasselbe verleugnen. All unser Thun und Lassen ist auf dieses Ziel hingerichtet und es ist ganz unmöglich, demselben entgegenzuhandeln."

[4]) Wenn Kant alle Rücksicht auf die Utilität verwirft und sogar behauptet, „die Ethik verliere die Hoheit ihres Ursprungs, sobald sie empirisch würde," so legt er dem Menschen ein unerfüllbares Gesetz auf. Übrigens klagt auch Schiller, daß „Kants Rigorismus die Grazien zurückschrecke".

und wirklich nur durch etwas uns wahrhaft Nützliche befriedigt werden kann, so erhellt auch, daß das Sittliche mit dem Nützlichen verwandt sein muß.

Das Sittliche ist wirklich eine Art des Nützlichen. Denn die Moral ist das Gesetz unserer Art und deshalb dient ihre Befolgung in jedem Fall zur Erhaltung und naturgemäßen Entwicklung des Menschengeschlechtes. Regelmäßig nützt sie auch dem einzelnen. Weil nämlich jedes Individuum nur ein besonderer Ausdruck des specifischen Wesens ist, so muß es auch für jedes Individuum wahrhaft nützlich sein, die Forderungen seines specifischen Wesens zu erfüllen. Freilich wirkt das Gesetz der Art dem entartenden Individuum gegenüber oft genug auf dieselbe Weise wie das Messer des Operateurs oder Gärtners: schmerzlich und verwundend, aber immerhin doch nützlich. Dennoch läßt sich nicht leugnen, daß das Sittengesetz in manchen Fällen von dem Individuum fordert, daß es für die Gesamtheit sich selbst — opfere. Und hier scheiden sich die Geister. Der Ungläubige, welcher eine Vergeltung im Jenseits nicht kennt, muß es als ein persönliches Unglück betrachten, wenn er seine Habe oder gar sein Leben für die Gesamtheit hingeben muß. Für seinen Standpunkt ist es durchaus konsequent, wenn er dies möglichst vermeidet. Der Christ dagegen, welchem für die Hingabe seines irdischen Lebens das ewige Leben winkt, hält es für das höchste Glück, sich selbst für Gott und das Vaterland aufopfern zu können. Hic Rhodus, hic salta! Ob also eine sittlich notwendige That für unsere individuellen Verhältnisse nützlich oder schädlich wirkt, ob sie unserem jeweiligen Begehren und Fühlen entspricht, ob sie uns Behagen und Ehre oder bitteres Entsagen und Verkennung[1]) bringt: fiat

---

[1]) S. Hieronymus Regula Monachor. cap. 19. de laude et detract.: „Difficile evadit opprobria, cui est amica justitia."

justitia, pereat mundus.¹) — Durch die Ethik des Gemeinlebens oder das Recht wird nicht nur jedermann in seiner Person und seinem Streben nach Selbsterhaltung geschützt, sondern auch dieses sein Streben mit dem Streben aller in Einklang gebracht, so daß dann jede Einzelkraft sich mit der Gesamtkraft vereinigt und dem gemeinsamen Nutzen dient.²) Die Logik dieser Thatsachen zwingt zu dem Schluß, daß wie eine Pflanze nur bei Licht und Wärme leben und gedeihen kann, sich auch die Menschheit nur bei Moral und Recht zu erhalten und zu entwickeln vermag, daß das Ethos mit einem Worte ein Lebensbedürfnis ist. Bewunderungswürdig ist dieses Walten der Vorsehung, das den Menschen auch dann noch durch sein wohlverstandenes Interesse an das Sittengesetz fesselt, wenn sein religiöses Pflichtgefühl schon längst erstorben ist.³)

Wegen dieser eminenten Nützlichkeit des Sittlichen ist auch der Gedanke, daß beide Begriffe identisch seien, im Laufe der Geschichte immer wieder aufgetaucht und selbst jetzt noch nicht ganz überwunden.⁴)

Allein es ist nicht wahr, daß das Sittliche und das Nützliche ein und dasselbe ist. Das Sittengesetz muß allgemein, notwendig und unveränderlich sein (Balmes), das Nützliche aber läßt sich wegen des stets wechselnden Interesses wissenschaftlich gar nicht bestimmen,⁵) Dieselbe Handlung würde bald sittlich, bald unsittlich sein, je nachdem sie nützlich oder schädlich wirken würde. Die schlechtesten Mittel

---

¹) Angeblich Wahlspruch des Kaisers Ferdinand I. S. Bruno de ornament, Eccles. cap. 4.: „Tolle justitiam et perit mundus."
²) Savigny, System des römischen Rechts, I, 333, 340.
³) Stein, F. J., Historisch-kritische Darstellung der pathologischen Moralprincipien. Würzburg 1879, S. 14.
⁴) Das Nähere bei Stein a. a. O., S. 319.
⁵) Von Kant, ja von allen Rationalisten, wird infolgedessen anerkannt, daß beides nicht identifiziert werden kann.

wären erlaubt, sofern sie nur die Wohlfahrt beförderten. Tugend und Laster wären nur scheinbar verschieden, Recht wäre dasselbe wie Gewalt,[1]) der ärgste Egoismus das Muster aller Tugenden, raffinierte Schlauheit der höchste aller Vorzüge, alles ideale Streben die reine Thorheit.[2])

Wenn also die Ethik auch ein eudämonistisches Moment enthalten muß, so darf sie doch nicht rein eudämonistisch sein. Dem eudämonistischen: „Entwickle dich" oder »perfice te« (Wolf) muß das deontologische: „Handle nach der menschlichen Natur" an die Seite treten.[3]) Nur eine solche Ethik kann Anspruch machen, als die wahre zu gelten.[4])

Der Glückseligkeitstrieb ist blind. Allerdings ist er der Motor im Menschen, eine niemals ruhende, unwiderstehliche Kraft, die den Menschen dazu bewegt, sich zu fördern. Doch das Ziel und die Art dieses Handelns liegen außerhalb seiner Sphäre. Der Mensch fühlt nur den Trieb, sich glück-

---

[1]) Dies behauptet auch ganz folgerichtig Spinoza.

[2]) So Stein a. a. O., S. 240 und ff. Der Interessen=Kultus wird im Christentum verworfen. Matth. 16, 26; 6, 33: „Was nützt es dem Menschen, wenn er die ganze Welt gewinnt, an seiner Seele aber Schaden leidet? Suchet zuerst das Reich Gottes und seine Gerechtigkeit!"

[3]) Dasselbe ergiebt sich vielleicht auf folgende Weise. Der Zweck der Weltordnung muß mit dem Weltzweck zusammenfallen. Besteht nun derselbe in der Ehre Gottes und der Glückseligkeit der vernünftigen Geschöpfe, so muß die sittliche Weltordnung, um zweckmäßig zu sein, aus einem deontologischen und einem eudämonistischen Element gebildet werden. Oder: In der physischen Weltordnung strebt alles danach, sich zu erhalten und zu entwickeln, aber in diesem Streben verfährt jedes Wesen nur in der seiner Natur entsprechenden Weise. Wenn nun die sittliche Weltordnung nur ein anderer Ausdruck der physischen ist, so muß ganz dasselbe auch für die vernünftigen Wesen gelten, d. h. die Ethik eine eudämonistisch=deontologische sein.

[4]) Man hat der christlichen Moral so häufig einen Vorwurf daraus gemacht, daß sie nicht reine Deontologie ist, sondern auch dem Eudämonismus Rechnung trägt. Aber gerade dies ist ein Beweis ihrer Wahrheit.

lich zu machen; worin aber das Glück in Wahrheit besteht und auf welche Weise es zu erreichen ist, sagt der Trieb dem Menschen nicht. Daher die Erscheinung, daß der Weise sein höchstes Glück in der Vollkommenheit oder der Ähnlichkeit mit Gott sieht, daß andere dagegen Ruhm, Macht, Reichtum, Sinnengenuß, das »dolce far niente«,[1] ja, selbst das Nirwâna, das ist die Befreiung vom „Schmerz der Existenz" (!) als das sie glücklich Machende betrachten. Nach der Verschiedenheit dieses ihres Zieles richtet sich natürlich auch die Art ihres Handelns. Bei dieser Blindheit des Glückseligkeitstriebes ist die geborene Führerin die Vernunft. Sie sagt dem Menschen: Nicht dort, sondern hier liegt in Wahrheit die Glückseligkeit, und nicht auf jene, sondern auf diese Weise mußt du handeln, um sie zu erreichen.[2] Diese An=

---

[1] Über die Lazzaroni auf der Piazza bi Spagna oder der Chiaja pflegten wir zu lächeln. Doch auch ein deutscher Klassiker, Friedrich von Schlegel, schreibt in seiner Lucinde unter der Idylle über den Müßiggang: „Das hohe Evangelium der echten Lust und Liebe ist die gottähnliche Kunst der Faulheit. O Müßiggang, Müßiggang! Du bist die Lebensluft der Unschuld und der Begeisterung; dich atmen die Seligen, und selig ist, wer dich hat und hegt, du heiligstes Kleinod! Einziges Fragment von Gottähnlichkeit, das uns noch aus dem Paradiese blieb!"

[2] Da auch unsere Vernunft dem Irrtum anheimfallen kann, so offenbarte uns Gott noch seine Gebote als die untrüglichen Wegweiser zum Glück, ja, er hilft uns noch auf diesem Wege durch seine Gnade. Dennoch schuf er uns vollkommen frei, aber der wirklich freie Gebrauch der Freiheit besteht — vgl. §. 5 — in dem sittlichen Handeln und damit in dem richtigen Streben nach dem wahren Glück. So ist der ganze Mensch aus Einem Guß: seine Natur, Vernunft und Religion stehen in wunderbarem Einklang. Alle Saiten seines Herzens klingen nach demselben Grundton; der Mikrokosmos seiner Seele ist das „impero dell' armonia". Zerstört wird diese Harmonie und damit das Glück durch die Sünde. Mit der Sünde mußte das Dasein des Menschen aufhören, ein paradiesisches zu sein; sie schließt auch im Jenseits die Glückseligkeit aus. — Die wahre Religion muß schon im Diesseits glücklich machen. Von dem Christentum gesteht selbst Montesquieu, De l'esprit des lois, Paris 1874. l. 24. ch. 3.: „Chose ad-

forderungen der (göttlichen und menschlichen) Vernunft[1]) an das in letzter Instanz auf dem Glückseligkeitstrieb beruhende Wollen und Handeln des Menschen bilden die Ethik. Pflichtgefühl und Glückseligkeitstrieb stehen also nicht im Widerspruch miteinander, vielmehr ist „der einzige Weg zur wahren Glückseligkeit des Menschen die getreue Beobachtung der sittlichen Ordnung."[2])

Durch das sittliche Handeln wird man vollkommen und das Innewerden ihrer Vollkommenheit macht die Seele glücklich. Denn die Glückseligkeit verhält sich zur Lust, wie das Ganze zum Teil. Ist nun die Lust ein vermehrtes

---

mirable! la religion chrétienne qui ne semble avoir d'objet que la félicité de l'autre vie, fait encore notre bonheur dans celle-ci. Leo XIII. in der Encyklika Arcanum divinae sapientiae vom 10. Februar 1880: „Omnino rebus omnibus, quae in civitate habentur utiles, religio christiana consuluit et providit; ita quidem, ut, auctore S. Augustino, plus ipsa afferre momenti ad bene beateque vivendum non potuisse videatur, si esset parandis vel augendis mortalis vitae commodis et utilitatibus unice nata." Auch aus seinem eigenen Leben hat der Leser diese Wahrheit schon geschöpft. Ist dies aber eine Wahrheit, dann untergräbt das Glück der Menschheit, wer die Religion zu untergraben versucht, dann ist es ein Unglück für den Menschen, wenn er seinen Glauben verliert. Schon das Altertum kannte die wehmutsvolle Sage von der Psyche, die weinend auf der Erde umherirrt und doch nur im Olymp ihren Eros finden kann. Hier vereinigt haben sie zu ihrer Tochter die — Glückseligkeit.

[1]) S. Hilarius zu Psalm. CXVIII. vers.: Feci judicium et justitiam: „Justitia est . . . divinae atque humanae rationis operatio."

[2]) Meyer, Th., Die Grundsätze der Sittlichkeit und des Rechts, Freiburg i. Br. 1868, S. 73. Fichte, J. G., „Als das einzige aber untrügliche Mittel der Seligkeit zeigt mir mein Gewissen die Erfüllung der Pflicht." S. Thomas Aquinas, 1. 2. quaest. 4. art. 6.: „Praemium virtutis est beatitudo." Cicero, De Paradoxis, cap. 2.: „Profecto nihil est aliud bene et beate vivere nisi honeste et recte vivere." Seneca, ep. 81. und De beata vita, cp. 18.

oder gesteigertes Selbstgefühl,¹) so muß die Vollkommenheit unseres eigenen Selbst uns alle Lust gewähren. Die wirkliche Vollkommenheit oder die Ähnlichkeit mit dem unendlich vollkommenen Gott muß für den körperlosen Menschen oder im Jenseits die volle Glückseligkeit sein.²) Aber hier auf Erden braucht der Mensch zum ungetrübten Glück noch etwas mehr als Tugend. Wenn es auch allezeit wahr ist, daß er ohne innere Vollkommenheit nicht glücklich sein kann,³) selbst wenn er alle Ehren, alle Reichtümer und Güter besäße, so ist es doch dem gesunden Menschenverstand ohne weiteres einleuchtend, daß selbst der tugendhafteste Mensch sich nicht glücklich fühlen kann, sobald er z. B. verhungern muß.⁴) Wenn die Stoa, welche die Tugend mit der Glückseligkeit identifiziert, behauptet hat, daß der Weise sich auch in dem glühenden Stier des Phalaris glücklich fühlen müsse, so heißt dies mit wirklich stoischem Gleichmut „Kamele verschlucken, nachdem man die Mücken gesiebt". Die volle Glückseligkeit des Menschen setzt die volle Befriedigung seines ganzen Wesens voraus.⁵) Nun hat der Mensch nicht bloß eine Seele, sondern auch einen Leib; er ist nicht nur ein vernünftiges, sondern auch ein sinnliches Wesen. Darum gehört zu der irdischen Glückseligkeit des Menschen nicht bloß Vollkommenheit des inneren Lebens, sondern auch Vollkommenheit oder

---

[1] Vgl. S. 4, Anm. 2.
[2] S. Thomas, Summ. theol. I. qu. 62. a. 1.: „Nomine beatitudinis intelligitur ultima perfectio rationalis seu intellectualis naturae.
[3] S. Augustin., Conf. 1, 12. 19.: Jussisti Domine et sic est ut omnis animus inordinatus poena sit sui ipsius. Schiller (Piccolomini): „In deiner Brust sind deines Schicksals Sterne."
[4] Aristoteles, lib. I. de Moribus, cap. 10.: „Vir profecto beatus nunquam miser futurus est; haud facile tamen beatus dici poterit, si in calamitates inciderit."
[5] S. Augustinus, lib. 14. de Civitate Dei, cap. 25.: „Natura nec plene atque perfecte beata erit, nisi adepta quod expetit."

Wohlfahrt im äußeren Leben, nicht nur der Besitz der inneren, sondern auch der Besitz der zur Selbsterhaltung und Selbstentwicklung notwendigen äußeren Güter.[1] Die Güter beider Art erlangt man durch entsprechende Thätigkeit.[2] Das „bete und arbeite" ist die Panacee für die Menschheit; auf dem „bete und arbeite", auf ihm allein beruht das Glück der Menschen und der Völker.[3]

---

[1] Aristoteles erklärt mäßige, äußere Güter als zur Glückseligkeit notwendig. Ebenso verlangt S. Thomas, I. II. qu. 4. a. 6.—8.: „bonam dispositionem corporis aliaque bona exteriora et societatem amicorum" Auch die materiellen Interessen haben ihre Berechtigung. In unserem Kopf darf sich die Welt nicht anders malen, als sonst in Menschenköpfen; denn sobald unsere Lebensauffassung zu einer einseitigen wird, geht das Leben über uns hinweg.

[2] Aristoteles sagt, daß wir durch Übung im sittlichen Handeln tugendhaft werden, wie man durch Übung der Musik und Baukunst zum Musiker und Baukünstler wird. S. Ambrosius, lib. 2. de Cain et Abel, cap. 2. S. Ephraem., De recta vivendi ratione, cap. 23. Thomas a Kempis, Hortul. Rosar. cap. 2. sect. 2.

[3] Je nachdem der Zeitgeist den Ton auf die inneren oder äußeren Güter legt, unterscheidet man in der Geschichte der Völker Perioden von idealistischem und materialistischem Charakter. Die Gegenwart trägt ein entschieden materialistisches Gepräge. Da nun Geld und Gut des Menschen Herz nicht auszufüllen vermag, so giebt es jetzt so wenig glückliche Menschen, daß sich alles Glück in die beata solitudo et sola beatitudo der Studierzimmer und Klostermauern geflüchtet zu haben scheint. Und „es wird uns schwer, an eine Änderung zu glauben, infolge deren die Thätigkeit der Erfindungen und der Entdeckungen, die Verbesserung der Produktionsmethoden, die Erweiterung der Verkehrsbeziehungen wieder an Bedeutung zurücktritt vor der Arbeit auf religiösem, politischem, rechtlichem Gebiete. Dennoch spricht die Erfahrung dafür, daß uns eine solche Änderung bevorsteht; und es fehlt nicht an bedeutsamen Anzeichen, welche das Herannahen bereits verkündigen". So v. Mangoldt, Volkswirtschaftslehre, Stuttgart 1868, S. 36. Das deutsche Volk zeigt unter allen Völkern das reichste Gemüt und das meiste und größte ideale Streben. Darum müssen wir nach unserer ganzen Lebensauffassung die deutsche Nation für die edelste Nation der Erde erklären. Es ist der natür=

Die Anforderungen unseres Wesens richten sich selbstverständlich an unsere Gesamtthätigkeit, also an unser Wollen, Leiden und Handeln, an unser inneres und äußeres Leben zugleich.[1] Wenn Lord Shaftesbury verlangt, daß der Mensch sein Leben zu einem Kunstwerk bilde, so darf dieses Kunstwerk vor allem der Harmonie nicht entbehren. Nur jener Mensch ist ein ganzer Charakter, nur der ist wirklich frei, dessen Handeln der wahre Ausdruck seines Denkens ist. Die Moral bestimmt deshalb nicht bloß das Motiv, sondern auch den Gegenstand unseres Handelns;[2] die Sittlichkeit liegt nicht bloß in der subjektiven guten Gesinnung, sondern auch in der Verwirklichung der objektiven Güter. Im Altertum ließ man die Tugend mit der bloßen Legalität zusammenfallen, so daß man die Gesinnung, aus der die That entstand, für vollkommen gleichgültig erklärte.[3] Die Stoa reagierte dagegen und lehrte wieder, nur die innere Überzeugung sei von Wert, doch die Art ihrer Äußerung so wenig von Bedeutung, daß auch „die Frevelthaten eines Ödipus oder Thyestes erlaubt seien, wenn sie nur in der richtigen Gesinnung geschähen!" Zwischen beiden Extremen liegt die Wahrheit in der Mitte[4] und diese findet ganz und voll

liche Beruf des deutschen Volkes, der treue Hort für die idealen Güter der Menschheit zu sein.

[1] Weiß a. a. O., S. 289: „Im Menschen als der Einigung der geistigen und sinnlichen Welt kann keine Innerlichkeit wahrhaft und kräftig blühen, die sich nicht nach außen kundgiebt. Umgekehrt zieht jede echte Veredlung der äußerlichen Seite auch wieder eine Vervollkommnung des inneren Lebens nach sich." S. Gregorius Magnus super Psalm. Poenit. VII. vers. 6. S. Hieronymus super II. ad Cor. cap. 8.

[2] Stein a. a. O., S. 267.

[3] v. Ketteler, Ist das Gesetz das öffentliche Gewissen? Frankfurt a. M., S. 10.

[4] Frauenstädt, J., Das sittliche Leben, Leipzig 1866, S. 271: „Die Tugenden weisen auf die Güter hin und die Güter bedürfen zu ihrer Realisierung der Tugenden und der Pflichterfüllungen. Tugend, Pflicht und Gut bilden eine unzertrennliche Trias."

ihren Ausdruck in unserer Religion. „Das Werk soll der natürliche, freie, ungezwungene Ausdruck der inneren freudigen Gesinnung sein; nur so gilt es etwas vor dem Gesetze des Christentums."[1]) Weder das Objekt, noch die Umstände, noch der Zweck einer Handlung dürfen verwerflich sein; das Was, Wie und Weshalb bilden ein unauflösliches Ganze; niemals heiligt der Zweck die Mittel:[2]) Bonum causatur ex integra causa, malum ex quolibet defectu.[3])

Die Moral ist ein notwendiger Ausfluß der menschlichen Natur und darum dem Menschen angeboren. Sie muß für alle Menschen ohne Ausnahme gelten; niemand würde ihre Gebote ablehnen können. Und da alle Menschen überall und immer Menschen sind, so sind sie auch überall und immer durch sie verpflichtet: nirgends und niemals darf man unmoralisch handeln. Bei jedem Gedanken, jedem Wort, jeder That ist der Mensch ein Mensch, darum steht jeder Gedanke, jedes Wort, jede That unter dem Gesetze der menschlichen Natur, das ist der Moral.[4])

Die menschliche Natur ist bei allen Menschen der Erde dieselbe; in ihr sind alle absolut gleich. Bezweckt nun die Moral, daß wir uns als Menschen erhalten und entwickeln, und ist der Mensch in dem Inder und Schwarzen ganz der-

---

[1]) So Weiß a. a. O., S. 283.
[2]) Nur der Arzt Frauenstädt erklärt a. a. O., S. 93 ff., es gebe Fälle, wo eine sonst verwerfliche Handlung durch den guten Zweck, dem sie dient, ethisch gerechtfertigt sei. Dies ist durch und durch falsch, aber eine logische Konsequenz seines „socialen oder philanthropischen Utilitarismus".
[3]) Gury, J. P., Moraltheologie, Regensburg 1869, S. 15.
[4]) S. Bonaventura, Tit. 17. Diaetae, cap. 2.: „Tria sunt, quae recte hominem deducunt: mansuetudo cordis, veritas oris et justitia operis." S. Gregor. Nyss., De perfecti christiani forma. S. Joannes Chrysostom., Hom. 3. super 1. ad Timoth. S. Augustinus, Serm. 2. ad Fratr. in eremo.

selbe wie in dem Römer und Deutschen,¹) so muß am Ganges und Senegal dieselbe Moral wie an der Tiber und der Spree die richtige sein. Notwendig ist die Moral international und universell; sie ist Gemeingut des ganzen Menschengeschlechts, denn sie ist ja das **Gesetz des reinen Menschentums für jeden Menschen**.

Aber auch unsere Vorfahren und Nachkommen sind nicht auf andere Art Menschen als wir. Darum ist die Moral auch unveränderlich. Die Zeiten und Völker erkennen sie nicht immer in derselben Tiefe, aber was sich vor achtzehn Jahrhunderten als die wahre Moral ergab, muß es auch bleiben bis an das Ende der Welt. In dem Gewoge der menschlichen Lehren und Systeme ist die Moral ein rocher de bronze.

So ist die Moral notwendig dieselbe für alle Menschen, alle Orte, alle Zeiten. Durch seine Katholizität überwand das Christentum die Welt.

Um nun — wie es der Plan dieses Buches erfordert — das Verhältnis der Vernunftmoral zu der religiösen Moral, der Religion zum Recht, der Kirche zum Staat näher bestimmen zu können, müssen wir jetzt die durch die Vernunftmoral gegebenen Pflichten — wenn auch nur in groben Zügen — zu entwerfen versuchen.

Das Streben, sich zu erhalten und zu vervollkommnen, ist ein einheitliches, denn es ist identisch mit dem Streben, sich zu fördern. Die Selbsterhaltung ist die notwendige Voraussetzung der Selbstvervollkommnung und diese wieder die notwendige Fortsetzung jener. Wenn wir auch fühlen, daß sich die eine mehr auf das körperliche, die andere mehr auf das geistige Leben bezieht, so ist es uns doch so wenig gelungen, beide logisch zu scheiden, daß wir dies für überhaupt unmöglich halten.

---

¹) Gal. 3, 28: „Da ist nicht Jude, nicht Hellene."

Zu seinem höchsten und letzten Ziel hat dieses einheitliche Streben die allseitige und höchste Vollkommenheit des Menschen.

Worin besteht nun dieselbe?

„Die Vollkommenheit des Menschen besteht in der harmonischen Entwicklung aller seiner Kräfte und Fähigkeiten; alle Bedürfnisse und Triebe, die in der Natur des Menschen als Keime niedergelegt sind, sollen Berücksichtigung finden; nichts soll in ihr beseitigt oder vernachlässigt, noch weniger erstickt und zerstört werden. Die Vollkommenheit des Menschen besteht also nicht darin, daß die physischen Kräfte und Fähigkeiten den geistigen aufgeopfert werden, noch weniger die letzteren den ersteren; nicht darin, daß man das eine Seelenvermögen auf Kosten des anderen ausbilde oder ein anderes ganz zum Schweigen bringe;[1]) nicht darin, daß man die Gefühle bis zur Glut der Leidenschaft entflamme oder sie völlig ausrotte, noch darin, daß man die äußeren Güter,

---

[1]) Deshalb müssen wir nicht nur nach dem Guten in der Gesinnung, sondern auch dem Wahren in der Erkenntnis und dem Schönen in der Darstellung streben. Vor allem soll dies der Priester, denn der höchste Grund und Urquell aller Wahrheit, Güte und Schönheit ist Gott. Das echte Studium, welches die Wahrheit, nichts als die Wahrheit, aber auch die volle Wahrheit sucht, ist ähnlich dem Gebet. Shakespeare in Heinrich VI., Th. 2, Akt 4, Scene 7: „Unwissenheit ist Fluch von Gott, Weisheit der Fittig, der zum Himmel hebt." Es ist ein Beweis dafür, daß die Kirche auf der ganzen Höhe ihrer Mission steht, wenn Papst (Leo XIII.) und Bischof (Franz von Paula—Prag) in Encyklika und Hirtenbrief dem Klerus immer wieder die sorgsamste Pflege der Wissenschaft an das Herz legen. Bei dem wirklich machtvollen Blühen aller kirchlicher Wissenschaft können wir das „Nachtwächterlied" Abelberts von Chamisso:

„Hört, ihr Herren, wir brauchen heute
gute, nicht gelehrte Leute.
Seid ihr einmal doch gelehrt,
sorgt, daß keiner es erfährt u. s. w."

mit aller Seelenruhe etwas — niedriger hängen.

Reichtum, Gesundheit, Ehre, Ruhm überschätze oder verachte: mit Einem Worte, nicht in der einseitigen und ausschließlichen Ausbildung einzelner Eigenschaften und Fähigkeiten, sondern in der harmonischen Entwicklung aller Anlagen des menschlichen Wesens nach Wert und Bedeutung einer jeden im Gesamtorganismus desselben."[1]

Da das an Wert und Bedeutung Höchste am menschlichen Wesen dessen geistiges Element ist, das so hoch über dem körperlichen wie der Mensch über der Sinnenwelt steht,[2] so ergiebt sich die erste Pflicht in der Vernunftmoral auf folgende Weise.

Das seinem Werte[3] und seiner Stellung nach Höchste auf der Erde ist der Mensch. Deshalb muß der Mensch vor allem anderen sich selbst zu fördern streben. Das Wertvollste und Höchste an dem Menschen ist die Seele. Darum ist es die erste und höchste Pflicht des Menschen, seine Seele möglichst zu fördern oder bis zur Vollkommenheit zu entwickeln.[4] Nach Vollkommenheit zu streben, ist aber dem Menschen überhaupt nur dann möglich, wenn er ein Ideal

---

[1] Wetzer und Welte, Kirchenlexikon, Freiburg i. Br. 1849, B. 3, S. 731 unter Eudämonismus.

[2] Deshalb soll der Geist über den Leib, wie der Mensch über die Sinnenwelt herrschen. Weiß a. a. O., S. 76: „Klemens von Alexandrien vergleicht den Menschen dem Centauren, jenem fabelhaften Wesen, halb Mensch halb Tier. Von der Erde genommen, verliert sein sinnlicher Teil nie das Gefühl für die Erde; der Geist aber von oben gekommen, strebt stets nach oben. Aber zur Untrennbarkeit einer einzigen Persönlichkeit mit dem Leibe verbunden, kann er sich nie der Aufgabe entschlagen, vermöge seiner höheren Würde und Kraft die schwächere Hälfte zu veredeln und zu leiten, jedoch auch ihren Bedürfnissen und Schwächen vernünftige Rechnung zu tragen."

[3] S. Doroth., doctr. 22.: „Vere creaturarum omnium, quae videntur, pretiosissimus homo est."

[4] S. Ephraem. de Juliano anachoreta: „Perfectio est cujusvis sermonis et omnis actionis finis."

der Vollkommenheit hat.¹) Da nun die Metaphysik nachweist, daß das Ideal der Vollkommenheit realisirt ist und ein unendlich vollkommenes Wesen das Dasein hat, so ist es die erste und höchste Pflicht der Menschenseele, diesem durch Vollkommenheit möglichst²) ähnlich zu werden. Hierin liegt des Menschen höchste Aufgabe, des Menschen höchstes Ziel, hierin, mein Leser, die Bestimmung aber auch das Glück deines Lebens.³) Ebenbild Gottes zu sein, ist die Idee des Menschen.⁴)

---

¹) Stöckl a. a. O., Bd. 2, S. 103: „Eine vernünftige Ursache kann als solche nicht thätig sein ohne Voraussetzung eines idealen Vorbildes, nach welchem sie thätig ist."

²) Goethe, Sprüche in Prosa: „Vollkommenheit ist die Norm des Himmels, Vollkommenes wollen, die Norm des Menschen." W. v. Humboldt, Ideen zu einem Versuch, die Grenzen der Wirksamkeit des Staates zu bestimmen, Breslau 1851, S. 64: „Die Seele sehnt sich nach dem Anschauen einer Vollkommenheit, von der ein Funke in ihr glimmt, von der sie aber ein weit höheres Maß außer sich ahnt."

³) Stöckl a. a. O., Bd. 2, S. 402. S. Augustin., De salutaribus documentis, cap. 1.: „Summum amare bonum, summa est beatitudo; qui enim Deum amat, bonus est; si bonus ergo beatus."

⁴) 1. Mos. 1, 27: „Gott schuf den Menschen nach seinem Bilde." Matth. 5, 48: „Ihr sollt vollkommen sein, wie euer Vater im Himmel vollkommen ist." S. Basilius Magnus, Hom. 10. Hexamer.: „Quid est christianismus? similitudo Dei, quantum possibile est humanae naturae." Auch Plato (Theätet. 176) fordert die $\dot{\varepsilon}\xi o\mu o i\omega \sigma\iota\varsigma$ $\tau\tilde{\omega}$ $\vartheta\varepsilon\tilde{\omega}$ $\varkappa\alpha\tau\grave{\alpha}$ $\tau\grave{o}$ $\delta\upsilon\nu\alpha\tau\acute{o}\nu$ . . . $\tau\acute{\varepsilon}\lambda o\varsigma$ $\delta\grave{\varepsilon}$ $\dot{o}\mu o\acute{\iota}\omega\sigma\iota\varsigma$ $\vartheta\varepsilon o\tilde{\upsilon}$ $\varkappa\alpha\tau\grave{\alpha}$ $\tau\grave{o}$ $\delta\upsilon\nu\alpha\tau\acute{o}\nu$, $\dot{o}\mu o\acute{\iota}\omega\sigma\iota\varsigma$ $\delta\grave{\varepsilon}$ $\delta\acute{\iota}\varkappa\alpha\iota o\nu$ $\varkappa\alpha\grave{\iota}$ $\ddot{o}\sigma\iota o\nu$ $\mu\varepsilon\tau\grave{\alpha}$ $\varphi\rho o\nu\acute{\eta}\sigma\varepsilon\omega\varsigma$ $\gamma\varepsilon\nu\acute{\varepsilon}\sigma\vartheta\alpha\iota$. Cicero, De legg. 1, 8.: „Est autem virtus nihil aliud quam in se perfecta et ad summum perducta natura, est igitur hominis cum deo similitudo." Trendelenburg, A., Naturrecht auf dem Grunde der Ethik, Leipzig 1868, S. 41: „Es kann dem Menschen keine andere Aufgabe gegeben sein, als die Idee seines Wesens zu erfüllen; der Mensch kann keine andere fassen und keine andere anerkennen; eine Aufgabe, welche der Idee seines Wesens widerspräche, würde an ihm abgleiten, oder müßte, wie das Böse, von ihm zurückgestoßen werden. Alle großen

Wenn es aber die Idee des Menschen ist, Gott ähnlich zu werden, so tritt uns dreierlei als unbedingte Forderung entgegen. Vor allem müssen wir danach streben, Gott zu erkennen. Dann müssen wir Gott als das Ideal der Vollkommenheit über alles lieben.[1]) Endlich müssen wir die Forderungen dieses Ideals in jeder Beziehung erfüllen, d. h. Gott wahrhaft dienen.[2]) In der getreuen Erfüllung dieser Pflichten gegen Gott liegt die Erfüllung der sittlichen Pflichten gegen unsere eigene Seele, da wir diese dadurch sittlich vollkommen machen.[3]) Sonach besteht die Tugend in dem beharrlichen Willen und Streben, zu thun, was Gott

---

objektiven Systeme der Ethik fassen daher den Gesichtspunkt, den Menschen als Menschen zu verwirklichen. So namentlich im Altertum Plato und Aristoteles." — Da Gott von uns nur Vollkommenheit will und unsere eigene vernünftige Natur nach Vollkommenheit strebt, so ist „sein Joch süß und seine Bürde leicht". Das Christentum ist nicht ein fremdes, uns aufgedrängtes Gesetz, sondern der echte Ausdruck unseres eigenen Selbst.

[1]) Dies ahnte schon Plato (im Phädrus). Cicero, De off. 1, 5.: „Formam quidem ipsam et tanquam faciem honesti vides; quae si oculis cerneretur: mirabiles amores, ut ait Plato, excitaret sapientiae." Auch Spinoza gelangt zu dem Resultat, daß die höchste Tugend des Geistes, Gott erkennen und lieben ist und daß hieraus die höchste Seligkeit entspringt. Vgl. Schwegler, A., Geschichte der Philosophie, Stuttg. 1868, S. 153. Das Streben nach eigener Vollkommenheit führt also den Menschen mit Notwendigkeit zur Erkenntnis und Liebe Gottes. Hierin aber besteht die Aneignung des höchsten Gutes von seiten des Menschen oder der Besitz Gottes. Stöckl a. a. O., Bd. 2, S. 402. So zeigt sich auch hier die Einheit des Menschlichen und Göttlichen, welche die Philosophie durch alle Jahrtausende hindurch vergeblich gesucht hat und nur das Christentum bietet.

[2]) Joh. 14, 21: „Wer meine Gebote . . . hält, der ist's, der mich liebt. Schon Aristoteles verlangt die „vollkommene praktische Thätigkeit in einem vollkommenen Leben".

[3]) Pred. 12, 13: „Fürchte Gott und halte seine Gebote;" dies ist der ganze Mensch. S. Augustin., Confess. lib. 1. 1.: „Quia fecisti nos ad te, Domine, inquietum est cor nostrum, donec requiescat in te."

wohlgefällig ist und die sittliche Vollkommenheit darin, daß wir Gott über alles und alles in Gott lieben.¹)

Das an Wert und Bedeutung höchste aller irdischen Güter ist das Leben und darum darf es der Mensch nicht durch Selbstmord²) endigen, nicht durch Ausschweifungen untergraben, nicht durch Waghalsigkeit in Gefahr setzen; er muß vielmehr für Leben und Gesundheit vernünftige Sorge tragen. Die Notwendigkeit der Ehre macht die Ehrenhaftigkeit zur Pflicht. Die wahre Ehre ist der Reflex des sittlichen Wertes.³) Die materiellen Güter haben eine dreifache Bedeutung. Sie sind die Befriedigungsmittel für die unabweisbaren Bedürfnisse unseres Körpers; damit gewähren sie uns die Freiheit, unser Leben nach unserer Lebensauffassung zu gestalten; endlich dienen sie zur Erfüllung sittlicher Pflichten. Deshalb muß jeder Mensch nach dem zur seiner Erhaltung und Entwicklung Notwendigen streben.⁴) Die

---

¹) So der kathol. Katechismus von J. Deharbe (Regensburg und New-York), nach welchem ich in der Volksschule zu unterrichten habe.

²) Matth. 4, 7. Sokrates vergleicht den Selbstmörder mit dem Soldaten, welcher seinen Posten verläßt. Aristot. Eudäm. 3, 1. Regulus wollte sich nicht töten, um keine Feigheit zu begehen. Virgil, Aen. 6, 435. Caesar, De bello Gall. 7, 77.: „Animi est ista mollities, non virtus, inopiam paullisper ferre non posse." Cic. Tuscul. 1, 30. Mohammed erklärt (juristisch falsch aber sich selbst konsequent) den Selbstmord für ein Verbrechen. Kant, Fichte, Hegel verwerfen ihn unter jeder Bedingung. Dagegen Seneca, De ira, l. III. c. 15.: „Quaeris quod sit ad libertatem iter? Quaelibet in corpore tuo vena!" Seneka befolgte selbst seinen Rat. Er öffnete sich die Adern, nahm dann, da dieses Mittel nicht schnell genug wirkte, Gift und ward zuletzt mittels heißer Bäder erstickt. Über die eigentümliche Stellung Spinozas zu dieser Frage vgl. Schleiermacher, F., Gesammelte Werke, Abt. 3, Bd. 1, S. 189. Nach der Kriminalstatistik ist mehr als die Hälfte aller Selbstmorde auf Irrsinn zurückzuführen.

³) Stein a. a. O., S. 328 ff.

⁴) Haymo, Serm. Dom. 16. post Pentec.

Arbeit (im weitesten Sinne) ist sittlich geboten;¹) Trägheit und Verschwendungssucht sind Laster.

---

¹) Die Arbeit ist eine natürliche Lebensäußerung des Menschen. Job, 5, 7: „Wie der Vogel zum Fluge, so ist der Mensch zur Arbeit geboren." Da wir körperliche, geistige und gesellschaftliche Lebensbedürfnisse haben und diese nur durch wirtschaftliche Arbeit, durch Bildungs- und gesellschaftliche Arbeit befriedigen können, so giebt uns die Arbeit Wohlfahrt, Wissenschaft und Ordnung. Darum ist sie nicht der Fluch, sondern der Segen unseres Geschlechtes. Es ist nicht richtig, daß (wie Bischof, H., Grundzüge der Nationalökonomik, Graz 1874, S. 111 schreibt) „Gott die Arbeit vor die Thür des Paradieses gesetzt hat," denn nach 1. Mos. 2, 15 „setzte Gott den Menschen in das Paradies, daß er es baue und wahre." Ohne Arbeit wäre auch das Paradies kein Paradies gewesen. Daß sie sittlich geboten ist, geht nicht nur aus der Pflicht des Menschen, sich selbst und die Seinigen zu erhalten, sondern auch aus der Nächstenliebe und Gerechtigkeit hervor. Denn abgesehen davon, daß es die Pflicht der Nächstenliebe ist, die Erwerbsunfähigen zu erhalten, werden durch die produktive Arbeit des einzelnen die der Gesamtheit zu Gebote stehenden Güter vermehrt und damit die Lage aller gebessert. Der fleißige Landwirt vergrößert durch seine höheren Erträge nicht nur seinen eigenen Gewinn, sondern auch das Rohmaterial für die Nahrung und Kleidung der Menschheit; eine Wahrheit, welche der Gelehrte in unermüdlicher Arbeit schöpft, vermehrt den Wissensschatz des Menschengeschlechtes für alle Zeiten. In dieser Aufopferung der eigenen Kraft für das Heil der Menschheit liegt der Adel der Arbeit. Während dem Tiere Perfektibilität versagt ist (denn Biene und Biber z. B. leben und bauen jetzt noch, wie sie vor Jahrtausenden lebten und bauten), ist es der Menschheit gegeben, durch wackere Arbeit zu einer immer höheren Vervollkommnung und hiermit zu einem immer glücklicheren Dasein zu gelangen. Darum „gleicht sie nicht jenem Tantalus, der — einst zu den Tafeln der Götter zugelassen — dann die Arme ewig vergeblich ausstreckt nach den labenden Früchten, sondern dem Sohne der Alkmene, der aus niedrigem Knechtesdienst nach langen und gefahrvollen Kämpfen in Schmerzen und Flammen geläutert, emporsteigt zu den Sitzen der Himmlischen." v Rümelin, Tübinger Zeitschr. f. d. g. Staatswiss. 1868, XXIV, S. 150. Auch die Gerechtigkeit fordert, daß jeder einzelne arbeite, denn jeder ge- und verbraucht das durch die Arbeit anderer Geschaffene. Er liest das Buch des Gelehrten, wird geschützt durch den Richter, kleidet sich in die Arbeit des Handwerkers u. s. w. Um nun nicht auf Kosten anderer zu leben,

Da alle Menschen wesentlich gleich sind und Gleiches für Gleiches gesetzt werden muß, so ergeben sich für unsere Pflichten gegen den Nächsten¹) die zwei sogenannten Gebote der Natur: „Was du nicht willst, daß es dir geschehe, das thue auch keinem anderen;"²) und „alles, was ihr wollt, daß es euch die Menschen thun, das thuet ihnen auch."³) Allein diese Sätze sind subjektiv gefaßt und normieren das Sollen nach dem Wollen; deshalb können wir uns an dieser Stelle mit ihnen nicht bescheiden. Freilich wird selbst der Ungebildete in den meisten Fällen gewissermaßen instinktiv und darum richtig fühlen, was für ihn gut ist und er darum wollen muß — wird ja bei dem gemeinen Manne durch

---

muß er durch seine eigene Arbeit ein Äquivalent für seinen Verbrauch zu bieten suchen. Der Müßiggänger aber empfängt, ohne wieder zu erstatten; an dem Baume der Menschheit ist er nicht ein nützliches Organ, sondern ein Schmarotzergewächs. Die Arbeit ist schließlich das vortrefflichste Erziehungsmittel für Körper und Geist von jung und alt. „Raste ich, so roste ich," „Müßiggang ist aller Laster Anfang;" „die Arbeit ist der Tugend Quell" (Herder im Cid). Auf der notwendigen Arbeitsvereinigung beruhen Staat und Kirche, auf der Arbeitsteilung die ständische Gliederung der Gesellschaft. — Da der Mensch nur durch Arbeit zum wirklichen Herrn der Erde wird, so ist sie die Erfüllung des göttlichen Gebotes: „Unterwerfet die Erde und seid Herr... über alles." Während sie im heidnischen Altertum verachtet war, wird sie im Christentume, dessen Stifter und Apostel selbst gearbeitet haben, zur Pflicht gemacht. 2. Thess. 3, 10. 12; Ephes. 4, 28. Hier gilt jeder Beruf als ehrenwert. 1. Kor. 7, 20. 24; Ephes. 4, 1. Es gehört zu den Pflichten des Priesters, in Schule und Kirche über den sittlichen Wert der ökonomischen Arbeit zu belehren.

¹) Dieses Wort ist unvergleichlich schön. Es deutet an, daß alle Menschen der Erde von Natur aus gleich sind, denn unter allem, was da ist, steht das Gleiche dem Gleichen am nächsten. Dann, daß wir jedem, der in irgend eine Beziehung mit uns tritt und damit zu dem uns gerade Nächsten wird, die aus unserer wesentlichen Gleichheit sich ergebenden Pflichten erfüllen: ausnahmslos, immer und überall.
²) Tob. 4, 16.
³) Matth. 7, 12.

das Gefühl meisterhaft die Spekulation vertreten¹) — doch eine absolut sichere Richtschnur ist damit nicht gegeben, weil ja dieses Wollen, respektive Nichtwollen nicht mit Notwendigkeit vernünftig und darum auch nicht immer vernünftig ist. Aber diese zwei Gebote der Natur sind so eminent praktisch, daß eine Welt von Weisheit in ihnen liegt, weshalb nicht nur Thomasius, sondern sogar der große Verfasser des Antimacchiavell das ganze Recht, die gesamte Moral auf sie gründen wollten.

Aus dem durch die Vernunft diktierten Satz: Der Mensch ist der irdische Zweck, ergeben sich objektiv als moralische Pflichten Gerechtigkeit und Nächstenliebe.

Ist nämlich der Mensch überhaupt Zweck, so ist dies auch jeder einzelne. Ist aber dies, so muß folgerichtig auch jeder einzelne sich zu erhalten und in seiner Individualität zu entwickeln streben. Obwohl alle Menschen der Erde Zwecke gleichen Ranges sind, so ist doch jeder für sich selbst der primus inter pares oder sich selbst der nächste. Das Korrelat hierzu ist die Gerechtigkeit. Soll nämlich jeder für sich selbst sorgen, so müssen wir auch jeden für sich selbst sorgen lassen. Wir dürfen ihn nicht daran verhindern, zu sein, sich zu erhalten und in seiner Individualität zu entwickeln. Es ist unbedingte Forderung der in jedem einzelnen verkörperten Menschenwürde, daß alle anderen nicht nur seine Person als unverletzlich anerkennen, sondern auch seine gesamte, auf seine Selbsterhaltung und Selbstentwicklung gerichtete Thätigkeit gelten lassen.²) Wenn man dagegen seine eigene Person und seinen eigenen Willen über die Person und den Willen eines anderen setzen möchte, wenn man ihn verletzen oder schädigen würde, um sich selbst dadurch zu

---

¹) Walter a. a. O., S. 86.
²) S. Bonaventura, Centiloq. p. 3. sect. 44.: „Justitia est quaedam animi nobilitas suam cuique tribuens dignitatem."

fördern, so würde man ihn damit zum Mittel machen und thatsächlich bestreiten, daß er ein Zweck gleichen Ranges, daß er ein Träger der gleichen Menschenwürde ist. Diese unbedingte Forderung der Menschenwürde eines jeden an das Wirken aller anderen richtet sich — zum Unterschiede von der Nächstenliebe im gewöhnlichen und engeren Sinne[1]) — nicht nur an das Einzelleben, sondern auch an das Gemeinleben. Darum gehört die Gerechtigkeit in die Moral und die äußere Ordnung zugleich, nur ist dort auch die rechtliche Gesinnung, hier bloß die Legalität des Handelns wesentlich. Wer nicht innerem Triebe, sondern nur hartem Zwange folgt, kann wohl gesetzmäßig handeln, niemals aber moralisch gerecht[2]) sein.

Da der Mensch von allem, was die Erde trägt, das seinem inneren Werte und seiner äußeren Stellung nach Höchste ist, so ist es für uns als Vernunftwesen notwendig, daß wir von allem Irdischen den Menschen am höchsten schätzen und am meisten lieben: den Menschen in uns, d. i. die Selbstliebe, den Menschen in jedem anderen, d. i. die Nächstenliebe.[3]) Da alle Menschen als solche uns gleich sind, so müssen wir folgerichtig jeden lieben wie uns selbst;[4])

---

[1]) Die Nächstenliebe im weiteren Sinne umfaßt auch die Gerechtigkeit. Röm. 13, 9: „Denn das Verbot: du sollst nicht ehebrechen, du sollst nicht töten, du sollst nicht stehlen, du sollst kein falsches Zeugnis geben … und jedes andere Gebot ist in dieser Vorschrift enthalten: du sollst deinen Nächsten lieben wie dich selbst."

[2]) S. Augustinus, Epist. 85. ad Consentium: „Quid est aliud justitia, qua recte sapienterque vivitur, quam interioris hominis pulchritudo?" S. Gregorius Magnus, Moral. lib. 9. cap. 13. Seneca, epist. 113.

[3]) Was Sophokles seiner Antigone in den Mund legt: „Nicht mitzuhassen, mitzulieben bin ich da," gilt nicht bloß von dem Weibe, sondern von dem Menschen überhaupt.

[4]) Das natürliche Moment der Nächstenliebe betont Sir. 13, 9: „Jedes Tier liebt seinesgleichen, so auch jeder Mensch seinen Nächsten."

jeden Menschen der Erde ohne Rücksicht auf seine Rasse und Nationalität, seine Religion und Bildung, seinen Stand und Besitz;[1] selbst unseren Feind, denn auch er ist ein Träger der Menschenwürde.[2] Dies will nicht nur die Religion der Liebe, sondern auch die Logik:[3] die Nächstenliebe ist auch eine natürliche Tugend.[4] — Unsere Thätigkeit für unseren Nächsten und unsere Thätigkeit für uns selbst müssen der Art nach gleich, denn wir alle sind Zwecke derselben Art, dem Grade nach aber verschieden sein, denn jeder hat zuerst für sich selbst zu sorgen. Da wir uns nun selbst

---

[1] Unbewußte Gleichartigkeit bewirkt Sympathie. Das Bewußtsein der Gleichartigkeit im Denken, Fühlen und Wollen ist die Basis der Freundschaft. Montaigne, Essays, I. 1, 27.: „En l'amitié les âmes se meslent et se confondent l'une en l'autre d'un meslange si universel qu' elles effacent et ne retrouvent plus la cousture qui les a joinctes. Si on me presse de dire pourqoy je l'aymois, je sens que cela ne se peult exprimer qu' en respondant: parce que c' estoit luy: parce que c' estoit moy." Da also die Freundschaft zwei Individualitäten von einer bestimmten, nämlich gleichartigen Beschaffenheit voraussetzt und die Moral als der Ausdruck des allgemeinen Menschentumes über alles rein Individuelle hinweggehen muß, so kann die Freundschaft in der Pflichtenlehre keine Stelle finden. Auch Lessing läßt den Theophan gegen seinen dies dem Christentume zum Vorwurf machenden „Freigeist" ausführen, daß sie nicht Gegenstand von Vorschriften sein könne.

[2] Das ist die Krone der christlichen Lebensweisheit.

[3] Eigentümlicherweise wird von Kant die Nächstenliebe ein Unding genannt.

[4] Der Wert des Menschen ermöglicht, aber erzwingt auch unsere Liebe. Sein Wert liegt nun nicht in seinem körperlichen Organismus, denn diesen hat er ja in einem gewissen Grade mit den Tieren gemein, sondern in der natürlichen und erworbenen Vollkommenheit seiner Seele. Durch diese Vollkommenheit aber wird der Mensch dem unendlich Vollkommenen ähnlich. So lieben wir den Nächsten, weil und insoweit er Gottes Ebenbild ist. Da nun noch hinzukommt, daß eine Vernunftforderung nur deshalb zu einer sittlichen Forderung wird, weil sie den Willen Gottes erkennen läßt (vgl. §. 4), so sagt die christliche Moral ganz richtig: „Liebe deinen Nächsten wie dich selbst um Gottes willen."

zu erhalten und zu vervollkommnen haben, so müssen wir dies auch unserem Nächsten thun. Weil aber dieser für sich selbst zu sorgen hat, so haben wir erst dann einzugreifen, wenn ihm dies unmöglich ist und er sich demnach in einer Notlage befindet. So resultiert als Pflicht der Nächstenliebe, jedem Menschen das zu seiner Erhaltung und Vervollkommnung Notwendige zu thun, wenn er dies selbst nicht kann. Diese Pflicht müssen wir auch unter einem Opfer erfüllen. Denn sind wir alle Zwecke gleichen Ranges, so müssen wir, um logisch richtig zu handeln, ein geringeres Interesse von uns einem höheren Interesse eines anderen opfern. So z. B. sollen wir von unserem Eigentume geben, um einen Hilflosen vor dem Hunger zu schützen. Je größer nun das bedrohte Interesse unseres Nächsten ist, desto höher steht auch unsere Pflicht, ihm zu helfen, desto bedeutender sind die Opfer, die wir zu bringen haben. Durch die Moralisten des Christentumes sind diese Sätze auf eine wirklich bewunderungswürdige Weise ausgeführt worden. — Obwohl die Nächstenliebe eine unbedingte Forderung der menschlichen Natur ist und diese Forderungen auch im Gemeinleben durchgeführt werden müssen, so könnte sie doch niemals Gegenstand des Rechtszwanges sein.[1]) Im öffentlichen Leben stehen wir einander nur als Glieder der Gemeinschaft gegenüber; ob sich jemand gerade in Not befindet oder nicht, muß infolgedessen hier gleichgültig sein: nur was ihm als Glied der

---

[1]) Dies wäre übrigens auch thatsächlich nicht durchführbar. Ist z. B. jemand ermordet, so hat die Gerechtigkeit, ist er verhungert, so hat die Nächstenliebe die höchste Verletzung erfahren. Dort frägt man sofort: „Wer ist der Mörder?" Hier aber kann man nicht fragen: „Wer ist schuld daran?" Wollte man wirklich den Versuch machen, jemand zwangsweise dazu anzuhalten, einem Notleidenden zu helfen, so könnte er ganz richtig einwenden: „Ich bin durchaus nicht mehr dazu verpflichtet, wie alle anderen. Daß man gerade mich dazu zwingen will, das ist nicht Recht, sondern Willkür."

Gemeinschaft also mit allen anderen zugleich zukommt, ist da von Bedeutung. Deshalb kann sich die Nächstenliebe im Gemeinleben nicht mehr gegen einzelne Genossen, sondern nur gegen die Gesamtheit äußern, d. h. die Nächstenliebe wird notwendig zur Vaterlandsliebe. Obwohl also das Christentum der Ausdruck des allgemeinen Menschentumes ist, so gehört dennoch die Liebe zum Vaterlande zu den ersten Pflichten der christlichen Moral. Der Patriotismus wird durch die Katholizität des Christentumes nicht ausgeschlossen, vielmehr direkt gefordert. Ein wahrer Christ ist immerdar auch ein wahrer Patriot.

Noch etwas zur Familie. Es wäre nicht ganz richtig, zu sagen, das Subjekt der Moral sei der Mensch als Noumenon oder — wie Kant sich ausdrückt — der homo noumenon sei das schlechthin Gebotene. Man kann nicht ganz und gar von dem Erscheinungsmenschen, dem homo phaenomenon abstrahieren, bis nichts übrig bleibt, als der Begriff des Menschen, als die bloße, dem Denken sich vorstellende menschliche Natur. Denn der homo noumenon, der Mensch als Begriff hat kein Alter und kein Geschlecht; er ist absolut derselbe in dem Kinde wie in dem Weibe und dem Manne. Und doch beruht gerade auf dieser Verschiedenheit der natürlichen Erscheinungsform des Menschen das ganze Familienleben. Wenn man nun diese natürliche Verschiedenheit von Mann, Weib und Kind für die Moral einfach ignoriert, so gelingt es niemals, den sittlichen Inhalt der Ehe und des Familienlebens überhaupt zu konstruieren. So ist es erklärlich, daß selbst der ehrwürdigste unter den Philosophen der Neuzeit, daß ein so durchdringender und blendender Geist wie Kant den sittlichen Inhalt der Ehe nicht zu entwickeln vermag, sondern dieselbe an einem schwarzen Tage für einen „Vertrag auf wechselseitigen, ausschließlichen Gebrauch der Geschlechtsfunktionen" erklärt. Uns zwingt die Konsequenz zu der offenen Aufnahme dieser Ver=

schiedenheit in die Moral. Denn wir sagten, daß der Wille sich deshalb vor der Natur des Menschen beugen muß, weil sich diese nicht vor ihm beugt und doch die Harmonie beider für die Erhaltung und Entwicklung des Menschen notwendig ist. Nun ist auch die natürliche Erscheinungsform des Menschen als Kind, Weib oder Mann dem Wollen und Handeln des Menschen absolut unzugänglich, da ja niemand sein Alter oder Geschlecht verändern kann. Sobald also für die Erhaltung und Entwicklung des Menschen die Harmonie seines Handelns mit dieser gegebenen Erscheinungsform notwendig ist, muß sich auch der Wille des Menschen in dieselbe fügen. So ist bei Mann, Weib und Kind trotz ihrer absoluten Gleichheit in ihrer Natur diese ihre Verschiedenheit in ihrer natürlichen Erscheinungsform die nähere Ursache moralischer Pflichten.[1])

§. 3.

Das Recht.

Da der Mensch — als der irdische Zweck — sich allseitig oder nach innen und außen zu entwickeln hat und dies nur innerhalb und vermittelst der Gemeinschaft möglich ist, so giebt es zwei Gemeinwesen, von denen das eine unser inneres, das andere unser äußeres Leben zu fördern die Bestimmung hat. Wenn nun das Recht in Forderungen an das Gemeinleben besteht, so muß es sich ebenso an der Kirche

---

[1]) Selbst die Rassen müßten, weil vom Willen unabhängig, ein besonderes Sollen begründen, wenn sie nicht als bloße Varietäten derselben Menschenart nur in Äußerlichkeiten verschieden und darum für das innere Leben des Menschen bedeutungslos wären.

wie an der Volksgemeinschaft entwickeln lassen. Das erstere würden wir versuchen, wenn wir Kirchenrecht zu lehren hätten. Hier ziehen wir das zweite vor. Denn da sich die Menschen im Gemeinleben mit ihrer Außenseite gegenüberstehen, so muß das Recht in der auf die Außenwelt gerichteten Gemeinschaft seinen klarsten Ausdruck finden oder der Staat die Rechtsgemeinschaft κατ' ἐξοχήν sein.

Soll die Volksgemeinschaft ihre Aufgabe — die Erhaltung und Entwicklung des Menschen in der Außenwelt — lösen, so tritt an die Gesamtheit sowohl wie an jedes ihrer Glieder eine zweifache Forderung heran. Die Gesamtheit muß zuerst alle zusammen oder sich selbst zu erhalten und zu entwickeln streben, dann aber auch dafür Sorge tragen, daß kein einziger Volksgenosse in seiner Selbsterhaltung und Entwicklung geschädigt oder verletzt wird.[1]) Wenn die Vernunft dies von der Gesamtheit fordert, so fordert sie damit auch von jedem einzelnen, daß er in seinem Streben, sich selbst zu fördern, nicht allein jede äußere Verletzung eines anderen vermeide, sondern auch nur so verfahre, wie es mit der Entwicklung der Gesamtheit vereinbar ist.[2])

Die Harmonie des gemeinsamen und individuellen Strebens nach Selbsterhaltung und Selbstentwicklung in der Außenwelt, dieses sich nacheinander Richten aller, nämlich der Gesamtheit nach den wahren Bedürfnissen ihrer Glieder und jedes Gliedes nach den Forderungen des bonum commune, ist das Vernunftnotwendige, Richtige und — Rechte.[3])

---

[1]) Plinius II. in Panegyr. de Trajano Augusto: „Si rempublicam ex utilitate omnium rexeris, certus sis te bene rempublicam gerere."

[2]) Trendelenburg, A., Naturrecht auf dem Grunde der Ethik, Leipzig 1868, S. 33: „Die Richtung auf den einzelnen wird nur insofern sittlich sein, als sie die Richtung auf das Ganze in sich schließt, und die Richtung auf das Ganze und Allgemeine ist nur insofern wahr, als sie die Richtung auf den einzelnen und das Eigene in sich aufzunehmen vermag."

[3]) Spinoza, Eth. 4, 18: „Nicht Vorzüglicheres können die Menschen

Zwei Pole also hat das Recht: die Volksgesamtheit und den einzelnen Volksgenossen.¹) Das Verhältnis beider oder das äußere Verhältnis jedes Volksgenossen zu der Gesamtheit und deren Gliedern als solchen, mit Einem Worte: das Gemeinleben, ist das Gebiet des Rechtes.²) Zweifach ist auch seine Wirkung. Es wird um jeden einzelnen ein schützender Kreis gezogen, in welchem seine Kraft frei und ungestört zur eigenen Selbstentwicklung sich bethätigen kann. Dann werden alle Einzelkräfte vereinigt und der Erhaltung und Entwicklung des Ganzen dienstbar gemacht.³)

Soll sich nun die Volksgemeinschaft erhalten und entwickeln, so muß sie ihre Bedürfnisse zu befriedigen streben. Diese resultieren aus der jeweiligen Volksbeschaffenheit.⁴)

---

zur Erhaltung ihres Seins wünschen, als daß alle in allem so zusammenstimmen, daß die Seelen und Leiber aller gleichsam eine Seele und einen Leib ausmachen, und daß alle zugleich den gemeinsamen Nutzen aller für sich suchen. Und daraus folgt dann, daß die von der Vernunft geleiteten Menschen, d. i. Menschen, welche unter Anleitung der Vernunft ihren eigenen Vorteil suchen, nichts begehren, was sie den übrigen Menschen nicht wünschen; es folgt also, daß sie gerecht, treu und rechtschaffen seien."

¹) Geht man nur von dem einzelnen aus, so kommt man schließlich zur Auflösung aller öffentlichen Ordnung durch die Willkür der Individuen. Dies war die Scylla des achtzehnten Jahrhunderts. Denkt man nur an die Gemeinschaft, so resultiert die Vernichtung der individuellen Freiheit durch die Staatsomnipotenz. Dies ist die Charybdis des neunzehnten Jahrhunderts. Verloren ist das Paradies des Rechtes, wo der vernünftige und darum wirklich freie Gebrauch der Freiheit etwas anderes forbert, als die geltenden Gesetze.

²) Cicero, De off. 1. 7.: „Justitiae ea ratio est, quia societas hominum inter ipsos et vitae communitas continetur."

³) Savigny, System, I, 333, 340.

⁴) Bischof, H., Grundzüge der Nationalökonomik, Graz 1874, S. 95: „Für den Menschen, den einzelnen und die Völker eröffnen sich mit jeder neuen Entwicklungsstufe neue Bedürfnisse, sowie der Astronom mit jeder neuen Verschärfung seiner Instrumente immer wieder neue Welten ent-

Die Bedürfnisse des „Gemeinlebens" können naturgemäß nur in bestimmten Zuständen desselben ihre Befriedigung finden. Wenn nun das Volk eines solchen Gemeinbedürfnisses wegen ausdrücklich (Gesetz) oder durch stillschweigende Übung (Gewohnheit) eine Bestimmung über das Gemeinleben getroffen, ein Lebensverhältnis aufgestellt, ein Institut errichtet hat, so muß sich auch jeder einzelne fügen, um nicht dem Gemeinleben entgegenzuwirken und damit die Gesamtheit zu schädigen.[1]) In dem majestätischen Strom des Volkslebens soll sich das Einzelleben bewegen wie der Tropfen in der Strömung; man soll nicht gegen den Strom zu schwimmen versuchen, sondern einfach folgen dem Volksgeiste und dem Volkswillen.

Dann muß jeder einzelne Volksgenosse auch innerhalb der Volksgemeinschaft als Zweck anerkannt werden, denn auch in dieser Gemeinschaft hört er nicht auf, ein vernünftiges Wesen der Sinnenwelt, ein Träger der Menschenwürde zu sein.[2]) Damit aber muß es auch im Gemeinleben jedem

---

deckt.... Die Bedürfnisgestaltung ist eine verschiedene nicht nur bei verschiedenen Völkern, sondern auch auf den verschiedenen Entwicklungsstufen eines und desselben Volkes."

[1]) S. Thomas, II. II. qu. 58. a. 5.: „Justitia ... ordinat hominem ad bonum commune." S. Bonaventura, part. 3. Centiloquii sect. 44.: „Justitia est virtus conservatrix humanae societatis et vitae communitatis." Seneca, De quatuor virtutibus: „Quid est justitia nisi naturae tacita conventio, in adjutorium multorum inventa divina ... vinculum est societatis humanae." Lact. Firm. lib. 6. de divin. Inst. cap. 12.

[2]) Stahl a. a. O., Bd. 2, S. 312: „Der Mensch ist als Person ein ursprünglicher und selbständiger, also ein absoluter Zweck der Schöpfung und des Weltplanes und zwar der Mensch nicht als Gattung, nicht der Gedanke des Menschen, sondern das Individuum, jeder einzelne Mensch. Der einzelne Mensch ist danach absoluter Zweck auch in der Rechtsordnung; dies ist das Recht der Person oder das „angeborene Recht," das „Urrecht". Meyer a. a. O., S. 120: „Das ist eben das

Individuum erlaubt oder gestattet werden, zu sein, sich zu erhalten und in seiner Individualität zu entwickeln.

Nun bezieht sich die Aufgabe der Volksgemeinschaft auf unsere Erhaltung und Entwicklung in der Außenwelt. Alle Volksgenossen aber sind auf ein und dieselbe Außenwelt angewiesen. Wenn nun jene Erlaubnis für jeden einzelnen unbegrenzt bliebe, so würde das ihm Gestattete durch dasselbe auch jedem anderen dann Zustehende thatsächlich in der Sinnenwelt aufgehoben.[1]) Darum fordert die Vernunft — als das Gesetz des Nichtwiderspruchs — daß die Erlaubnis für den einen an derselben Erlaubnis für jeden anderen ihre Grenze finde. Hiermit wird jeder einzelne umfriedet, denn es schlägt sich um ihn ein Kreis, in welchem er allen anderen gegenüber allein und ausschließlich befugt ist. Hat er auf Grund jener allgemeinen Erlaubnis für sich selbst irgend etwas aus der Sinnenwelt bestimmt, so bleibt dasselbe jetzt für ihn reserviert und der Befugnis aller anderen entzogen. So erhält alles, was zur Erhaltung und Entwicklung eines bestimmten Menschen dient, diesem seinem Träger gegenüber

---

Privilegium vernünftiger Wesen, daß sie in keiner anderen Weise zu einem organischen Ganzen vereinigt werden können, als unter Vorbehalt ihrer wesentlichen persönlichen Ansprüche; sie können als Glieder eines Organismus nie und nimmer ihre sittliche Würde und jenes wesentliche Selbstinteresse aufgeben, welches ihnen als Person gebührt." Im heidnischen Altertume war die Persönlichkeit nicht ein Ausfluß der Menschenwürde, sondern der Staatsangehörigkeit und damit nur ein Privilegium der allein berechtigten Bürger. Durch die Anerkennung der Menschenwürde jedes einzelnen hat das Christentum das ganze Recht reformiert. Leo XIII. in der Encyklika Arcanum divinae sapientiae vom 10. Februar 1880: „Jesus Christus . . . restitutor dignitatis humanae." S. Ambrosius, lib. 10. epist. 82. ad Vercellens. Ecclesiam: „Justitia Christus est."

[1]) Wenn alle ohne Ausnahme an derselben Sache dasselbe Recht haben, so hat eben keiner ein Recht. Dies gilt auch jetzt noch von den sogenannten freien Gütern, z. B. der Luft. Ohne die Maxime der Koexistenz wäre die ganze Sinnenwelt ein „freies Gut."

den Charakter der ausschließlichen Zugehörigkeit, jedem anderen gegenüber den Charakter der Unzugänglichkeit: es wird mit Einem Worte zum »Suum«.¹) Durch diese „Maxime der Koexistenz" entsteht nicht nur die „Teilung der Erde", sondern auch alles Recht, welches direkt »ad singulorum utilitatem pertinet«, denn durch diese Maxime wird jene allgemeine und grenzenlose Erlaubnis nicht bloß in ihrem Umfange beschränkt, sondern eben damit auch in ihrem Wesen verändert: sie wird zu einer positiven Befugnis, zu einer Berechtigung, mit welcher eine Pflicht der anderen korrespondiert.²)

Mit dieser Befugnis, in seiner Individualität zu sein, sich zu erhalten und zu entwickeln, wird nicht nur die Person, sondern auch der vernünftige Wille jedes Volksgenossen geschützt und damit sowohl für die sogenannten angeborenen Rechte, d. h. Leben, Freiheit, Ehre, Fähigkeit zu Vermögens=, Familien= und politischen Rechten, als auch für alle „erworbenen Rechte" Gewähr geleistet. Nur in zweifacher Weise ist unsere Berechtigung beschränkt. Zuerst muß alles Handeln, insofern es in das Volksleben tritt, sich auch nach dem Volksleben richten. Dann muß man dieselbe Berechtigung jedes anderen anerkennen. Weder dem Volke, noch einem Volksgenossen darf man die Berechtigung, zu sein, sich zu erhalten und zu entwickeln, durch sein Handeln verküm-

---

¹) S. Ambrosius, Offic. lib. 1. cap. 28.: „Natura jus commune generavit, usurpatio jus fecit privatum."

²) Auch nach Kant, Fichte und Stahl fordert die Vernunft, daß jeder Mensch als Zweck anerkannt werde. Aus diesem Zwecksein des Menschen haben wir die positive Befugnis, die Berechtigung unseres Textes entwickelt. Wenn nun Stahl a. a O., Bd. 1, S. 267 in seiner berühmten Kritik des Naturrechts zugleich mit Feuerbach sagt: „Das Naturrecht fordert positive Berechtigung des Individuums und fordert, daß sie aus einem Vernunftgesetz hervorgehe, wie dieses aber möglich ist, ist nicht zu begreifen," so meinen wir, daß dieses nicht nur möglich, sondern hier auch geschehen ist.

mern. Diese zwei Schranken der fundamentalen Befugnis stellen sich als die eigentlichen Rechtspflichten dar.¹)

Das Recht ist eine unbedingte Forderung der menschlichen Natur.²) Da der Mensch kraft seiner Natur als das vernünftige Wesen der Sinnenwelt der Herr der Erde ist, so liegt in der Person und dem vernünftigen Willen jedes Menschen etwas Majestätisches,³) das Anerkennung auf Erden erheischt. Seine Person ist unantastbar und hat sein Wille zur Befriedigung seines Bedürfnisses eine Sache oder die Leistung von seiten eines anderen oder ein bestimmtes Verhältnis zu einem »Suum« gemacht, so muß dies Geltung haben. Der Berechtigte ist nicht bloß der Gegenstand, sondern auch die Ursache der den anderen zukommenden Pflichten. Das Recht ist nicht bloße Freiheit, sondern eine dem Menschen innewohnende Macht; es ist die Macht der in jedem einzelnen verkörperten Menschenwürde gegen die Willkür aller, der einzelnen sowohl wie der Gesamtheit. — Aber die Menschenwürde ist nicht nur in dem einzelnen, sondern auch in der Gesamtheit verkörpert. Auch das Volk hat einen selbständigen, einheitlichen Willen, denn es ist nicht die bloße

---

¹) Die Berechtigung tritt aus dem Menschen heraus und umfriedet ihn; die Rechtspflicht tritt an ihn heran und bringt in sein Inneres hinein. Während die Pflicht in der Moral das erste und einzige ist, ist sie im Rechte nur die Folge einer fremden Befugnis. Darum ist die Moral die Pflichten-, das Recht die Befugnislehre.

²) Plato, De scientia: „Quando homo ex justitia abscedit, hominis nomen amittit." Cicero, lib. 1. de legibus: „Jus non opinione sed natura constitutum est." S. Joannes Chrysost. Homil. 22. super Matth. Oper. imperf.: „Magistra omnis justitiae ipsa est natura hominum." Lact. Firm. de ira Dei, cap. 15. Philo Jud. lib. de Abraham: „Injustus homo bestia humana forma praedita est."

³) S. Basilius Magnus, Homil. 10. in Hexaëmer.: „Imperiale es animal, o homo, et quid tuam ipsius dignitatem destruis?"

Summe, das mechanische Nebeneinander der Volksgenossen, sondern eine organische Einheit. Darum muß auch der vernünftige Wille des Volkes seine Anerkennung finden. Wie bei dem Einzelmenschen, so muß auch bei dem Volke der Wille vernünftigerweise darauf gerichtet sein, sich selbst zu erhalten und zu entwickeln. Wie der Wille des Einzelmenschen anerkannt werden muß, wenn er, um seinem Bedürfnis zu genügen, sich z. B. eine Sache unterworfen hat, so muß auch der Volkswille Geltung haben, wenn er, um ein Volksbedürfnis zu befriedigen, bestimmte Verhältnisse und Zustände im Gemeinleben geschaffen hat. Die Verletzung des ordnenden Volkswillens ist dem Volke gegenüber wesentlich dasselbe, was z. B. die Verletzung des Eigentums dem einzelnen gegenüber ist. — Vor den unbedingten Forderungen der menschlichen Natur muß sich jeder menschliche Wille beugen; sie sind sittlich geboten oder unverletzlich, denn eben darin besteht das Sittengesetz, daß der Wille jedes vernünftigen und darum freien Wesens sich den unbedingten Forderungen der eigenen Natur unterwerfe. Somit erkennen wir das Recht als eine sittliche, unverletzliche und unüberwindliche Macht.[1])

Aber alles Sittliche ist, wie wir sahen, das Produkt zweier Faktoren, des eudämonistischen und des deontologischen. Nachdem wir nun das eudämonistische Element des Rechtes entwickelt, müssen wir auch seine Deontologie zu geben versuchen.

Wie der Einzelmensch, so muß auch die Volksgemein-

---

[1]) Rosmini Serbati, Filosofia del diritto, I. 130.: „Il diritto è una facoltà di operare ciò che piace protetta della legge morale che ne ingiunge ad altri il rispetto." Taparelli, Diritto naturale, I. 344.: „Il diritto è un irrefragabile potere secondo ragione."

schaft sich selbst zu erhalten und zu entwickeln streben. Wie der Einzelmensch zu diesem Zweck seinem eigenen Selbst entsprechend handeln muß, so muß dies auch die Volksgemeinschaft. Wie jeder Mensch ein Mensch, aber auch ein bestimmter Mensch ist, so ist auch jeder Staat ein Staat, aber auch ein bestimmter Staat. Auch hier muß man zwischen dem specifischen oder eigentlichen Wesen, das allen Staaten gemeinsam ist, und der Individualität des einzelnen Staates unterscheiden. Wie bei dem Menschen, so steht auch bei dem Staate das Wesentliche über, das Individuelle unter dem Willen, denn jenes ist zum Unterschied von diesem notwendig, allgemein, unveränderlich. Wenn es nun wahr ist, daß der Staat sich selbst zu erhalten und zu entwickeln hat, wenn es ferner wahr ist, daß er zu diesem Zweck seinem eigenen Selbst entsprechend handeln muß, wenn es endlich wahr ist, daß ein Teil seines Selbst, nämlich sein eigentliches oder allen Staaten gemeinsames Wesen vor seinem Willen sich nicht beugt, so ist es auch wahr, daß sich sein Wille beugen muß vor den Forderungen seiner eigenen Natur, d. i. vor dem Naturrecht.

Wie die Moral das vernunftnotwendige Handeln des abstrakten Menschen ist, so ist das Naturrecht die vernunftnotwendige Ordnung des abstrakten Gemeinlebens. Wie die Moral durch das Wesen des Menschen, so ist das Naturrecht durch das Wesen des Staates diktiert: es ist die Moral des öffentlichen Gewissens oder die Deontologie jedes positiven Rechtes.

Das Wesen des Staates ist allen Staaten gemeinsam. Wie die Moral für den Menschen, so ist das Naturrecht für den Staat das Gesetz der Art. Darum muß es in jeder Rechtsordnung seinen vollen Ausdruck finden. Wenn sich auch jeder Staat in freier Selbstbestimmung so zu entwickeln hat, wie es seinen individuellen Verhältnissen entspricht, so darf doch kein Staat entarten. Sein Wesen ist der logische,. seine Individualität der reale Faktor der Rechtsordnung. Wenn ein Staat in der Entwicklung seines positiven Rechtes das Naturrecht verletzt, so bringt er seine Individualität in feindlichen Gegensatz zu seinem Wesen; er beginnt eine Automachie und damit das traurige Werk der Selbstvernichtung; er setzt das Singuläre über das Allgemeine, das Nichtwesentliche über das Wesentliche, das Zufällige über das Notwendige, die Willkür über die Logik. Er handelt wie ein Mensch, der die Moral verletzt.

Wie für den Einzelmenschen, so ist es auch für jeden Staat vernunftgemäß, seine Individualität zu entwickeln. Um diesen Zweck zu erreichen, müssen beide ihrer Individualität entsprechend handeln. Für den Staat folgt hieraus, daß sein Recht volkstümlich sein muß. Es muß im Einklange stehen mit dem ganzen Zustande des Volkes, dessen Landesbeschaffenheit, Klima, Ausdehnung, Nahrungsweise und Sitte.[1]) Nur dann ist es der Ausdruck des Volksbewußtseins und das Resultat der ganzen Auffassung des Volkes von seiner eigenen Lebenslage. So zeigt sich im positiven Rechte die ganze Individualität des Volkes (Savigny). Aus seinem Rechte erkennt man das Volk; das Recht ist das Lichtbild des Volkes. Infolgedessen ist dem Gesetzgeber nichts notwendiger, als Lebenskenntnis. Wenn die Gesetze mehr vom „grünen Tisch" als vom „grünen, goldenen Baum des Lebens" kommen, so muß sich das Volk

---

[1]) Montesquieu, Esprit des lois, Paris 1874. l. 1. ch. 3.: „Les lois doivent être relatives au physique du pays, au climat glacé, brûlant ou tempéré; à la qualité du terrain, à sa situation, à sa grandeur, au genre de vie des peuples, laboureurs chasseurs ou pasteurs: elles doivent se rapporter au degré de liberté que la constitution peut souffrir; à la religion des habitants, à leurs inclinations, à leurs richesses, à leur nombre, à leur commerce, à leurs moeurs, à leurs manières."

im eigenen Hause fremd fühlen. Der Gesetzgeber hat das Recht nicht, aus sich zu schaffen, sondern aus dem Leben zu schöpfen.[1]) Es kann nicht aus dem Kopfe eines Weisen hervorgehen, wie etwa Minerva dem Haupte Jupiters entsprang; aus dem Volksleben wächst es als dessen ureigenes Produkt hervor. So soll das Gesetz nicht die Ursache, sondern die Folge und der Ausdruck des Rechtsnotwendigen sein.

Da das natürliche Recht der Ausdruck des allen Völkern gemeinsamen Volkswesens und das positive der Ausfluß der Volksindividualität ist, so muß jenes universell, dieses national sein. Unmöglich würde ein und dasselbe positive Recht für mehrere oder gar für alle Völker gelten können; wie eine nationale Moral, so wäre auch ein positives Weltrecht eine contradictio in adjecto. — Eine notwendige Folge der Volkstümlichkeit des positiven Rechtes ist einerseits seine Veränderlichkeit, andererseits seine Stetigkeit oder Kontinuität. Wie sich das Volk verändert, muß sich auch das Recht verändern. Es ist undenkbar, daß ein positiver Rechtssatz ewige Geltung habe, ja, er ist so sehr ein Kind seiner Zeit, daß eine ursprünglich gerechte Bestimmung durch die Änderung der Verhältnisse zum Unrechte werden kann und darum aufgehoben werden muß.[2]) Aber das Volk ändert sich nicht über Nacht, sondern in gesetzmäßiger, historischer Entwicklung. Es gleicht hierin jedem Baume und jedem Menschen, die sich, wenn auch fortwährend, so doch nur allmählich verändern. Das Volksbewußtsein ist etwas ganz anderes, als die sogenannte öffentliche Meinung. Es ist geradezu ein öffentliches Unglück, wenn sich die Gesetzgeber

---

[1]) Bluntschli, Allgemeines Staatsrecht, I, S. 235.
[2]) Goethe im Faust: „Es erben sich Gesetz und Rechte, wie eine ew'ge Krankheit fort; . . . Vernunft wird Unsinn, Wohlthat Plage; weh dir, daß du ein Enkel bist. Vom Rechte, das mit uns geboren ist, von dem ist leider nie die Frage."

durch die Tagesströmung leiten lassen. Von solchen Gesetzen sagt man allerdings: »Una legge dura tre giorni«, aber das Rechtsgefühl des Volkes wird durch sie erschüttert und dieses ist des Volkes höchster Schatz.

Von einer fast erdrückenden Mehrheit der Rechtslehrer wird das Naturrecht geleugnet. Es gebe nur Anforderungen der Vernunft an das Recht, aber das Recht bleibe Recht, auch wenn es diesen Anforderungen nicht entspreche. Nach unserer Rechtsüberzeugung dagegen ist das Naturrecht so sehr wirkliches und verbindliches Recht, daß jeder positive Rechtssatz, der dem Naturrecht widerspricht, ebendeshalb aufhört, wirkliches und verbindliches Recht zu sein.[1])

Denn der Text hat das Naturrecht aus ganz demselben Grunde und auf ganz dieselbe Weise für das Gemeinleben wie die Moral für das Einzelleben entwickelt. Wäre nun dort das Naturrecht nicht verbindlich, so wäre es auch hier nicht die Moral. Ist aber dieses notwendig, so ist es auch jenes.

Da das Naturrecht durch das specifische, das positive durch das individuelle Wesen des Staates gefordert wird, so verhalten sich beide Rechte zu einander wie das Specifische zum Individuellen. Nun muß jedes Individuum der volle und ganze Ausdruck des specifischen Wesens sein. Mit dem Moment, wo ein Ding nicht mehr voll und ganz das Wesen einer bestimmten Species enthält, gehört es auch nicht mehr zu derselben. Darum gehört auch jeder positive Rechtssatz,

---

[1]) Decret. Gratiani part. 1. dist. 8. can. Quo jure §. Dignitate: „Quaecunque vel moribus recepta sunt vel scripturis comprehensa, si naturali juri fuerint adversa, vana et irrita habenda sunt." S. Augustinus super Psalmum CXXXXV. vers. 5.: „Jus est quod justum est; neque enim omne quod jus dicitur, jus est." Joan. Gers. de domin. natural.: „Jus positivum juri naturali non derogat."

welcher nicht ganz und voll das Naturrecht zum Ausdrucke bringt, nicht mehr zu der Species: Recht.

Das Naturrecht ist die vernunftnotwendige Ordnung des abstrakten Gemeinlebens. Dieses besteht aus abstrakten Menschen. Während also die Moral das Gesetz des Menschentumes für das Einzelleben ist, kann das Naturrecht das Gesetz des Menschentumes für das Gemeinleben genannt werden. Dann aber ist es das ewige Soll eines jeden Volkes, sein positives Recht nur auf der Grundlage des Naturrechtes zu entwickeln. Denn da jedes Volk der Erde aus Menschen besteht, so muß auch bei jedem Volke der Erde alles gelten, was unter den Menschen überhaupt gelten muß. Ein Rechtssatz, welcher dem Naturrechte widerspricht, unterdrückt den Menschen im Bürger.[1])

Der Staat hat nach der übereinstimmenden Meinung fast aller Staatsrechtslehrer der Jetztzeit seinen Rechtsgrund in seiner Vernunftnotwendigkeit. Wenn aber der Staat nur deshalb ist, weil er vernunftnotwendig ist, so muß er auch gerade so und nicht anders sein, als wie es vernunftnotwendig ist. Nun ist das Naturrecht die vernunftnotwendige Ordnung des abstrakten Staates. Wenn also der Staat das Naturrecht negiert, so negiert er auch seinen eigenen Rechtsgrund und damit sich selbst.

Überall in der Welt herrscht das »agere sequitur esse«. Jede Kraft, jeder Stoff muß wirken, wie es seiner Natur entspricht; keine Pflanze, kein Tier kann sich anders entwickeln, als nach seiner Art. In der physischen Welt muß, in der vernünftigen und darum freien Welt soll dieses

---

[1]) Würde man den Einwand machen, daß unser Naturrecht nur aus den Forderungen der Moral an das Gemeinleben bestehe, so würden wir mit der größten Befriedigung davon Kenntnis nehmen. Denn wir lehren — in §. 9 — daß Moral und Recht wesentlich dasselbe sind und sich nur dadurch unterscheiden, daß jene das Einzelleben, dieses das Gemeinleben beherrscht.

Grundgesetz zur unbedingten Geltung kommen. Jeder Mensch der Erde steht unter diesem Gesetze, denn daß er nach seinem specifischen Wesen handle, fordert die Moral, und daß er seine Individualität entwickle, ist der vernunftgemäße Gebrauch seiner Freiheit, deren allgemeine Anerkennung zu seinem Rechte gehört. Auch der Staat ist ebenso wie die Familie und die Kirche eine Forderung der menschlichen Natur, also eine Forderung des »agere sequitur esse» an den Menschen. Wenn aber die ganze physische und sittliche Weltordnung auf diesem einzigen Grundgesetze beruht, so muß es auch der Staat befolgen. Hiermit aber fordert sein specifisches Wesen die Beobachtung des Naturrechtes, sein individuelles die Volkstümlichkeit des positiven Rechtes.

„Das Wesen der Freiheit ist, nur nach seinem Selbst bestimmt zu werden."[1]) Darum ist nur jenes Volk wirklich frei, dessen Rechtsordnung dem wahren Selbst der Volksgemeinschaft wirklich entspricht. Nun wird das Naturrecht durch das Wesen der Volksgemeinschaft gefordert. Wenn also ein Volk nach einem Rechte leben muß, das dem Naturrecht und damit dem wahren Selbst der Volksgemeinschaft widerspricht, so kann es sich auch nicht mehr wirklich nach sich selbst bestimmen, ist demnach nicht mehr frei.

Eine Analogie! Der Mensch hat angeborene und erworbene Rechte. Jene besitzt er schon durch seine bloße Existenz, diese als Erfolg seiner freien Thätigkeit. Könnte man nicht daran auch bei dem Staate erinnern? Das Naturrecht ist da mit der bloßen Existenz eines Staates; es wird nicht durch den Staat, sondern mit dem Staate gegeben. Das positive Recht wird durch seine Thätigkeit, seine freie Willensbestimmung begründet.[2]) Jenes könnte wohl das

---

[1]) So Stahl a. a. O., Bd. 2, S. 321.
[2]) Bluntschli, Allgemeines Staatsrecht, 1, 235: „Allerdings ist dem freien Willen des Menschen die Macht gegeben, in manchen Beziehungen Recht zu gestalten, abzuändern, umzuwandeln; aber der größte Teil des

angeborene, dieses das erworbene Recht des Staates genannt werden. — Wäre es nicht durchaus unlogisch, nur den Willen, nicht aber auch das Wesen eines Menschen schützen zu wollen? Nun beruht das Naturrecht auf dem eigentlichen Wesen, das positive auf dem Willen des Staates. Wenn man nur dieses, nicht aber auch jenes gelten lassen wollte, so würde man eben so merkwürdig handeln, wie wenn man wohl das Eigentum, nicht aber das Leben eines Menschen achten würde. Besteht man aber durchaus darauf, das Recht nur auf den Volkswillen zu gründen, so erinnern wir daran, daß der Wille dem Wesen notwendig entsprechen muß. Das Naturrecht wäre dann der Ausdruck des vernunftnotwendigen Volkswillens, das positive der Ausfluß der Volkswillkür. Wenn aber der vernunftnotwendige Wille nicht Geltung haben soll, so kann sie die Willkür erst recht nicht haben.

Soll das Recht nur durch den Staatswillen entstehen, so ist nur zweierlei möglich. Entweder hat die Staatsgewalt das Recht, positive Sätze als rechtsverbindlich aufzustellen, oder sie hat es nicht. Hat sie dieses Recht nicht, so sind auch die von ihr gegebenen positiven Rechtssätze nicht wahres und wirkliches Recht, sondern nur die Äußerung einer usurpierten Gewalt. Hat sie aber dieses Recht, so giebt es ein Recht, welches von dem Staatswillen unabhängig und vor demselben da ist, b. i. ein Naturrecht. Hier gilt nur entweder oder! Entweder ein Naturrecht oder überhaupt kein Recht.[1]

Rechtes war von jeher durch die Existenz der Weltordnung und die Natur des Menschen gegeben und von dem Willen der Menschen durchaus unabhängig. Das meiste Recht wird nicht erdacht, sondern gefunden und erkannt, „geschöpft" nicht geschaffen; und mehr noch als das „Wir wollen" der menschlichen Subjekte ist das „Ihr sollt" von entscheidendem Einfluß auf die Rechtsbildung."

[1]) Nach Ulrici, H., Naturrecht, S. 211. — Ein von mir hochverehrter Rechtslehrer glaubte bei einem großen König das volle Ver-

Die Vernunft fordert, daß das Recht von jedem Menschen befolgt werde. Wäre es nun wahr, daß alles Recht einzig und allein auf dem Volkswillen beruht, so würde alles, was das Volk als Recht will, auch als Recht gelten müssen. Nun kann ein Volk auch Vernunftwidriges wollen. Ich erinnere nur an die Sklaverei.[1]) Dann würde auch dies zum wirklichen Rechte, und die Vernunft müßte alle Volksgenossen auffordern, Vernunftwidriges zu befolgen. Nein! Niemals kann Vernunftwidriges ein wirkliches und wahres Recht sein. Für das Recht von Vernunftwesen ist es wesentlich, daß es vernunftgemäß sei. Ein Unsinn darf nicht herrschen: mehr wollen wir nicht. Ist dies etwa zu viel verlangt?

Schließlich noch eine Bemerkung. Wenn es kein Naturrecht, sondern nur ein positives Recht giebt und jede größere

---

ständnis für das Rechtsleben deshalb in Frage ziehen zu müssen, weil derselbe befohlen, daß man bei der Kodifizierung des Landrechtes das Naturrecht auf die heimischen Verhältnisse anwenden solle. Freilich wächst das Recht aus dem Volksleben selbst als dessen edelstes Produkt hervor, aber wie sich jedes organische Wesen nur nach seiner Art entwickeln kann, so kann sich auch das Recht eines Volkes nur nach dem Naturrecht entwickeln. Unseres Erachtens nach war unser großer König auch in jenem Augenblicke groß.

[1]) Nach dem neulichen Berichte eines belgischen Offiziers (Coquilhat) an die belgisch-afrikanische Gesellschaft gehört in einem Kongostaat jetzt folgendes zum „positiven" Recht. Da man dort Menschenfleisch liebt, so kauft man Menschen. Diese werden eine Zeit lang überreichlich genährt und sobald ein Fest gefeiert werden soll, mit einem sichelartigen Instrument getötet. Einst hörte jener Offizier ein jammervolles Schreien und sah dann, wie ein Gefesselter auf das fürchterlichste geschlagen wurde. Auf seine nähere Erkundigung mußte er hören, daß derselbe den nächsten Tag gegessen werden sollte und nun geschlagen würde, damit sein Fleisch recht mürbe werde. Die Vorstellungen des Offiziers fanden nicht das mindeste Verständnis. Man glaubte, im Recht zu sein, wie etwa ein Landwirt bei uns, der eines seiner Masttiere schlachtet. Und dies sollte wirklich Recht sein?

Verletzung desselben ein Verbrechen genannt werden muß, so wäre auch die Gründung der christlichen Kirche, welche die direkte Negation des damaligen Staatsgebildes war, ein — Verbrechen gewesen. Abgesehen davon, daß dies eine Ungeheuerlichkeit wäre, würde damit das Verbrechen auch aufhören, etwas Abscheuliches zu sein. Nun ist das Recht hehr und heilig. **Im Namen des Rechtes protestieren wir gegen die jetzt bei uns herrschende Rechtslehre.**

Das Naturrecht ist also nicht bloße Philosophie des Rechtes, nicht bloß die allgemeine Rechtslehre mit der Aufgabe, „das Recht in dem letzten Ursprunge zu erkennen und aus dieser Quelle die Vielheit der Rechte so herzuleiten, daß sie von der sich gliedernden Einheit eines inneren Ge= dankens durchdrungen erscheinen."[1]) **Es ist wirkliches und wahres Recht mit dem vollen Anspruch auf un= bedingte Geltung. Dies zu bestreiten, ist wissen= schaftlich unmöglich.**[2])

Darum muß unter die Begriffsbestimmung des Rechtes

---

[1]) Trendelenburg a. a. O., S. 1.

[2]) Der bedeutendste Gegner des Naturrechts ist der sonst so vor= treffliche Stahl. Er hatte ganz richtig erkannt, daß dem Naturrecht eine positive Berechtigung des Individuums zu Grunde liegen müsse; er hat selbst den richtigen Weg zu deren Entwicklung eingeschlagen, ist aber leider auf halbem Wege stehen geblieben. Wir haben uns bemüht, diese Berechtigung zu begründen, denn dies ist der springende Punkt. Über den Einwurf Stahls, dem Naturrecht fehle die erforderliche Präci= sierung und die bindende Kraft des Rechtes, vgl. Meyer a. a. O., S. 159 ff. Der Ausbau des Naturrechts ist die dringendste Aufgabe der Rechtswissenschaft, denn **das Naturrecht ist der Kampfplatz der Zukunft.** Wie erst die vergleichende Sprachwissenschaft uns eine wirkliche Erkenntnis der Sprache ermöglicht hat, so würde auch eine ver= gleichende Rechtswissenschaft die schönsten Resultate für die tiefere Er= kenntnis und reichere Entwicklung des Rechtes, speciell des Natur= rechts geben.

auch das Naturrecht fallen. Dann aber ist es unstatthaft, das Recht als die Lebensordnung zu definieren, welche sich das Volk zu irgend einem Zweck gegeben hat. Denn damit würde jenes natürliche Recht ausgeschlossen, welches in der positiven Ordnung nicht zum Ausdruck gelangt ist. Wir definieren das Recht im objektiven Sinne als den **Inbegriff der unbedingten Forderungen der menschlichen Natur an das menschliche Gemeinleben**. Diese Definition ist nicht zu eng, denn sie umfaßt, je nachdem man das staatliche oder kirchliche Gemeinleben in das Auge nimmt, das weltliche und kirchliche Recht zugleich. Sie umfaßt auch das natürliche wie positive Recht, je nachdem man das Gemeinleben überhaupt oder ein ganz bestimmtes Gemeinleben meint. Sie ist aber auch nicht zu weit, denn sie schließt das aus, was dem Recht am nächsten steht — die Moral.[1]

---

[1] Haller entwickelt das Recht aus der Macht des Stärkeren. Nach Hobbes schließen alle aus gegenseitiger Furcht voreinander zur Selbsterhaltung einen Grundvertrag, daß sich alle Einem Willen unterwerfen, welchem unbeschränkte Macht zustehen sollte, damit er durch den von ihm ausgehenden Schrecken die einzelnen Menschen abhalte, sich gegenseitig Böses zu thun. Nach Spinoza ist das Recht das Mittel, durch Eintracht die eigene Macht zur Selbsterhaltung zu verstärken. Nach J. J. Rousseau treten die Menschen aus dem Naturzustande durch einen Urvertrag in die bürgerliche Gesellschaft zusammen, um das Eigentum zu schützen. Die ursprünglich gleichen Menschen unterwerfen ihren Einzelwillen dem allgemeinen Willen. Der Wille der Majorität ist die Quelle des Rechtes. Nach Kant ist das Recht der Inbegriff der Bedingungen, durch welche es geschehen kann, daß die Freiheit der Willkür eines jeden mit jedermanns Freiheit nach einem allgemeinen Gesetze zusammen bestehe. Nach Trendelenburg ist es der Inbegriff derjenigen allgemeinen Bestimmungen des Handelns, durch welche es geschieht, daß das sittliche Ganze und seine Gliederung sich erhalten und weiter bilden kann. Stahl definiert es als die Lebensordnung des Volkes zur Erhaltung von Gottes Weltordnung. — Nach Baco von Verulam ist die Rechtsordnung die auf die äußeren, socialen Beziehungen angewandte Moral. Die ältere kirchliche Schule bestimmt (nach Meyer a. a. O., S. 108) das Recht als die objektive Norm der Gerechtigkeit, welche in Hinsicht auf die äußere

Das Recht im subjektiven Sinne bestimmen wir als die einem jeden auf Grund seiner Menschenwürde gegen alle zustehende Befugnis, in und nach dem Gemeinleben zu sein, sich zu erhalten und zu entwickeln.[1])

---

§. 4.
Das Verhältnis von Moral und Recht zu der Religion.

Es ist also wahr, daß bestimmte Regeln für unser inneres und äußeres Leben durch die Vernunft allein aufgestellt werden können. Sie folgen aus Unbestreitbarem mit derselben logischen Notwendigkeit, mit der sich die Lehrsätze der Geometrie oder die Formeln der Arithmetik ergeben.[2])

Scheinbar liegt darin eine große Stärke. Denn sind diese Normen vernunftnotwendig, so ist es ganz unmöglich, sie als unwahr abzulehnen. Man hat auch die ganz rich-

---

Beziehung des Menschen zum Menschen und zur Menschheit die unbedingte Anforderung auf Verwirklichung in sich trägt. v. Moy be Sons: „Das Recht ist der Inbegriff derjenigen Wechselbeziehungen unter den Menschen in ihrem äußeren Leben, welche die Vernunft als notwendig erkennt und das Gewissen uns zu achten und aufrecht zu halten gebietet. Es ist das Gesetz des gesellschaftlichen Lebens."

[1]) Man wende nicht ein, daß dies eigentlich die Freiheit sei. Freiheit und Recht sind engverwandte Begriffe, so daß z. B. nur das rechtliche Handeln ein wirklich freies ist. Aber die Freiheit ist einerseits weiter wie das Recht, denn es giebt eine natürliche Freiheit, die kein Recht ist. So haben wir die Freiheit, unsere Sinne zu gebrauchen, aber es giebt kein „Recht auf das Riechen". Andererseits ist die Freiheit enger wie das Recht, denn wir haben das Recht auf unser Leben, aber nicht die Freiheit, unserem Leben ein Ende zu setzen (Stahl).

[2]) So schon Pufendorf und (wenigstens in betreff der Rechtssätze) Grotius und Leibniz.

tige Bemerkung gemacht, daß selbst der Atheist, wenn anders er vernunftgemäß leben wolle, nicht gegen diese Moral, nicht gegen dieses Recht verstoßen könne. Außerdem sind diese Regeln eminent nützlich, da sie zur Erhaltung und Entwicklung der Menschen dienen.

Thatsächlich aber leiden sie an einer unheilbaren Schwäche. Denn ergeben sie sich auf ganz dieselbe Art, wie z. B. die Formel $2 \times 2 = 4$, so haben sie mit dieser den gleichen Charakter und denselben Wert. Sie sind richtig, wahr und nützlich, aber weiter auch nichts. Denn $2 \times 2 = 5$ zu setzen, ist falsch und unter Umständen schädlich, aber — hic haeret aqua — es ist noch nicht unsittlich. Ebenso wäre auch die Nichtbeachtung eines jener Vernunftgebote eine Unrichtigkeit, aber noch nicht eine Unsittlichkeit.[1])

Die Vernunft kann auch gar nicht das Sittliche aus dem Natürlichen allein entwickeln. Sie vermag nicht etwas ganz Neues aus sich selbst zu schaffen; sie kann nur etwas schon Gegebenes erkennen.[2]) Ist also das sittliche Sollen

---

[1]) So wird von Hobbes (De civ. l. 1. c. 3. §. 132.) und Pufendorf (De offic. hom. et civ. l. 1 c. 2. §. 4—6.; c. 3. §. 10.) anerkannt, daß alle Vorschriften der Vernunft bloße „conclusiones" und nicht Gesetze seien, wenn nicht ein Höherer, nämlich Gott sie gebiete. Stahl a. a. O., Bd. 1, S. 269: „Sittlichkeit hat dann keinen anderen Wert mehr, als Folgerichtigkeit, und Unsittlichkeit ist nur eine Art von Inkonsequenz, nämlich der logische Widerspruch zwischen Denken und Handeln. Dessen sind Kant und Fichte sich deutlich bewußt; nur die Ethiker, welche keinem ganzen Systeme sich anschließen, halten die Moral ihrer Theorie noch für das, was ihr unmittelbares Bewußtsein von ihr hält: für etwas Selbständiges und Eigentümliches. Die Quelle des Ethos, das Denken, wird aber durch falsche Schlußfolge viel unmittelbarer verletzt, als durch ein Handeln, welches ihm widerspricht; jene wäre daher eine viel größere Sünde. Man sträubt sich gegen ein solches Resultat, so sicher es sich aus der Grundlage ergiebt, doch findet sich eine Spur desselben in Hegels Behauptung, daß die Meinung der Begrenztheit unserer Erkenntnis die Todsünde sei."

[2]) Stöckl a. a. O., Bd. 2, S. 402 (4. Aufl.). Auch Kant hat

nicht schon irgendwie gegeben, so kann es auch durch die Vernunft nicht dargelegt werden. Mit unserem natürlichen Sein haben wir aber noch nicht unser Sollen. Denn zieht unsere Vernunft aus unserem Sein logische Konsequenzen, so kann sie doch nur sagen: „Wenn du so und so handelst, handelst du deinem Sein entsprechend; wenn nicht, nicht." Hiermit aber tritt sie noch nicht aus dem Kreise des Seienden in den Kreis des Seinsollenden hinüber. Aus dem Sein läßt sich nach Kants klassischem Worte das Sollen nicht herausklauben. Nur dann können uns die logischen Konsequenzen aus unserem Sein verpflichten, wenn wir zuerst zu unserem Sein verpflichtet sind, aber die Verpflichtung zu unserem Sein liegt noch nicht in dem bloßen Faktum unseres Seins. Will man sich also nicht dazu verstehen, noch etwas Höheres anzuerkennen, als die Folgerungen der Vernunft aus der natürlichen Welt, so muß man auch offen und unerschrocken — mit Spinoza — den Begriff des Guten und Bösen preisgeben und dafür: wahr und nützlich, beziehungsweise unrichtig und schädlich setzen. Es ist das ewige testimonium paupertatis des Atheismus, daß er eine sittlich verbindende Moral nicht zu bieten vermag.

Die Vernunft hat wohl die Kraft, dem Menschen das Wahre zu geben, aber sie hat nicht die Kraft, den Menschen zu bewegen, dieses Wahre zu befolgen. Sie ähnelt dem Lichte,[1] welches den Weg uns wohl zeigt, aber auf demselben uns noch nicht forttreibt. Sie giebt eine Vorschrift, aber sie giebt nicht das Motiv, nach dieser Vorschrift wirklich zu handeln. Ihre Vorschriften sind nicht wirksam, denn es

---

gefunden, daß die Vernunft unfähig ist, einen objektiven Gehalt zu bieten und nur unser Erfahrungswissen zu ordnen, zu durchbringen und auszubauen hat.

[1] Sixtus Philosophus, Sent. 115.: „Ratio quae in te est, vitae tuae lux est." S. Thomas a Villanova, Serm. 4. p. Pascha. Theophylactus über Joan. cap. 1.

fehlt ihnen der reale Beweggrund (Wolf). Allerdings setzt Kant in das Denken selbst die real verbindende Macht: das rein logische Gesetz der Allgemeinheit und des Nichtwiderspruchs soll eine reale Macht selbst über unser Triebleben haben. Er erklärt als kategorischen Imperativ: „**Folge der Vernunft**," d. h. handle so, daß die Maxime deines Willens fähig sei, als allgemeines Gesetz zu dienen. Aber auf die Frage, warum der Mensch der Vernunft folgen solle, hat er keine Antwort und sieht sich zu dem ehrlichen Geständnis genötigt, daß dieses völlig unbegreiflich und unerklärlich sei.[1]) Es giebt auch wirklich keine Verpflichtung dazu. Dies beweist direkt die Psychologie. Denn wäre der Mensch verpflichtet, seinen Willen unter sein Erkenntnisvermögen zu beugen, so wäre er verpflichtet, die stärkste Kraft seiner Seele unter eine schwächere zu drücken. Wie aber sollte er dies machen? Es ist ja wahr, daß der Wille von Erkenntnis und Gemüt beeinflußt wird, aber es ist eben so wahr, daß der Wille trotzdessen der Herrscher in der Menschenseele ist.[2]) Denn da der Wille und nur der Wille uns zu einem bestimmten Denken, zur Ausübung eines Erkenntnisaktes, zur Setzung eines Urteils bewegt, so ist das Erkennen durch das Wollen geradezu bedingt. Wenn der Mensch nicht erkennen will, so erkennt er auch nicht: es giebt

---

[1]) Grundlegung zur Metaphysik der Sitten, Abschn. 3: „Wie aber reine Vernunft ohne andere Triebfedern, die irgend woher sonst genommen sein mögen, für sich selbst praktisch sein, b. i. wie das bloße Princip der Allgemeingültigkeit aller ihrer Maximen als Gesetze ohne alle Materie des Willens, woran man zum voraus irgend ein Interesse nehmen dürfte, für sich selbst eine Triebfeder abgeben und ein Interesse, welches rein moralisch heißen würde, bewirken, oder mit anderen Worten: wie reine Vernunft praktisch sein könne, das zu erklären, ist alle menschliche Vernunft gänzlich unvermögend, und alle Mühe und Arbeit, hiervon Erklärung zu suchen, ist verloren."

[2]) Hagemann, Psychologie, S. 139: „Der Wille hat eine Herrschermacht über das ganze Innenleben."

nicht nur Irrtümer aus Schwäche des Geistes, es giebt auch
— leider — Irrtümer aus Schwäche des Herzens.¹) Da
also thatsächlich das Erkennen des Menschen von seinem
Wollen abhängig ist, so wäre es geradezu verkehrt, wenn
man den Menschen dazu sittlich verpflichten würde, daß er
sein Wollen abhängig mache von seinem Erkennen. Besteht
man auf dieser Forderung, so muß man konsequenterweise
auch behaupten, daß die Menschenseele falsch geschaffen sei,
und diese Unerschrockenheit ist uns nicht gegeben. Nein!
Der Mensch ist als der Herr der Erde das Stärkste auf
Erden. In dem Menschen ist das Stärkste der Wille. Folg=
lich kann sich der Wille des Menschen nur beugen vor einer
überirdischen Macht. Dies ist der eiserne Schluß der Psy=
chologie.

Aus dem hier gegebenen Verhältnis unseres Willens zu
unserem Erkenntnisvermögen geht auch hervor, daß eine durch
die Vernunft diktierte Ethik gerade dort, wo sie am meisten
wirken soll, ihre ganze Wirksamkeit verlieren müßte. „Es
ist Sache des Willens, das Gefühlsvermögen in richtiger
Weise zu bilden und zu läutern und dadurch den Kern des
Menschen zu veredeln."²) Zu der Erfüllung dieser Aufgabe
hat den Willen die Ethik zu bringen. Nun wird der Wille

---

[1] S. Augustinus, De agone christiano, cap. 13.: „Mens veritatis capax non est nisi vitiis libera." Joan. Trith. Orat. 1. in
conventu abbat.: „Nunquam ad veram sapientiam pertingit homo,
vitiorum affectibus pollutus." Hagemann, G., Logik und Noëtik,
Münster 1870, S. 165: „Die Regungen des Herzens sind die eigent=
lichen Irrlichter für den Verstand, denn die Neigungen und Leidenschaften
machen sich den Willen und dadurch den Verstand dienstbar, so daß dieser
geblendet für die Wahrheit nur im Interesse der betreffenden Neigung
oder Leidenschaft urteilt." — Die psychologische Wahrheit, daß man nur
das einsieht, was man einsehen will, kleidet der Humor unseres Volkes
in eine reizende Form. „Ein Mädchen bittet ihre Pate: Rate mir, ob
ich heiraten soll, aber — rate mir nicht ab."

[2] Hagemann, Psychologie, S. 139.

„wie von Begierden so von Gefühlen bewogen; diese bilden Motive des Entschließens und Handelns und zwar Motive, welche häufig viel größeres Gewicht haben, als die Erwägungen des Verstandes."[1]) Hat sich nun der Wille unter die Herrschaft eines uneblen Gefühles, einer leidenschaftlichen Begierde gebeugt, so soll ihn dann die Vernunft vermittelst ihrer Ethik trotz seines Widerstrebens auf bessere Wege bringen. Aber gerade da kann die Vernunft durch den Willen — wie wir oben ausgeführt — lahm gelegt werden.[2]) Ihre Ethik mag aller behaglichen Stimmung überzeugend und unverletzlich erscheinen, aber wenn wir kämpfen müssen in dem Kampfe des Lebens, wenn dieser Kampf dann in unsere Seele zieht und alle Triebe unserer Natur, alle Gefühle unseres Herzens vereint Sturm laufen gegen unseren Willen, wenn eine kritische Stunde — und niemand bleibt eine solche erspart — an uns herantritt mit der Forderung: „Zeige, ob du sittlichen Wert hast," dann ist diese Ethik Schall, Name und Rauch, und ist sie unsere einzige Stütze, so zerbricht sie wie ein Rohr.[3]) Es ist eine nicht nur von

---

[1]) Hagemann a. a. O.

[2]) Schon Aristoteles lehrt, die Einsicht sei wohl notwendig zur Erkenntnis des Guten und zur Ausübung desselben im einzelnen, aber sie könne einen tugendhaften Willen nicht hervorbringen; sie sei vielmehr durch diesen selbst bedingt, da ein schlechter Wille auch die Einsicht verderbe und irre leite. Vgl. Schwegler a. a. O., S. 101.

[3]) Leo XIII. in der Encyklika Humanum genus v. 20. April 1884: „Et sane disciplina morum, quam et civicam nominant et solutam ac liberam, scilicet in qua opinio nulla sit religionis inclusa... quam inops illa sit, quam firmitatis expers, et ad omnem auram cupiditatum mobilis, satis ostenditur ex iis, qui partim jam apparent, poenitendis fructibus. Ubi enim regnare illa liberius coepit, demota loco institutione christiana, ibi celeriter deperire probi integrique mores: opinionum tetra portenta convalescere: plenoque gradu audacia ascendere maleficiorum. Quod quidem vulgo conqueruntur et deplorant: idemque non pauci ex iis, qui minime vellent, perspicua veritate compulsi, haud raro testantur."

dem Priester sondern auch dem Arzte beobachtete Thatsache, daß eine eingewurzelte Leidenschaft nur auf Grund höherer, b. h. religiöser Motive überwunden werden kann,[1]) und diese Thatsache ist so klar erkannt, daß selbst der Atheist sein Weib in die Kirche schickt und seine Kinder religiös erziehen läßt.[2]) Dann ist die Vernunft gezwungen, jeden einzelnen Menschen für einen Zweck zu erklären, der keinem anderen irdischen Zweck subordiniert ist. Selbst die Gesamtheit ist nicht ein Zweck höheren Ranges, als er; auch für diese kann er nicht zu einem bloßen Mittel werden. Wenn es nun nichts Überirdisches gäbe, so wäre es die erste Pflicht jedes Menschen, sich selbst am Leben zu erhalten.[3]) Dann aber wäre Papinian, der für seine Rechtsüberzeugung den Tod erlitt, dann wäre jeder Märtyrer des Christentumes, dann wäre jeder Held, der mit seinem Leibe die Bresche deckt,[4]) ein — Thor! Niemals kann die Vernunft auf Grund der natürlichen Ordnung allein von dem Menschen fordern, daß

---

[1]) S. Augustinus, De civ. Dei, lib. 19. cap. 25.: „Mens . . . vitiorum non potest esse domina, Dei veri nescia nec ejus imperio subjugata." Man vgl. die Pastoralmedizin von Capelmann, C., Aachen 1878, S. 68.

[2]) Dies wurde z. B. neulich in einer Berliner cause célèbre durch die Staatsanwaltschaft klipp und klar ausgesprochen.

[3]) Leo XIII. in der Encyklika Quod Apostolici muneris vom 28. Dezember 1878: „Futurae aeternaeque vitae praemiis ac poenis oblivioni traditis, felicitatis ardens desiderium intra praesentis temporis spatium definitum est."

[4]) Cicero, Tuscul. l. 1. c. 15.: „Nemo unquam sine magna spe immortalitatis se pro patria offeret ad mortem." Leo XIII. in der Encyklika Diuturnum illud vom 29. Juni 1881: „Neque absimili ratione per eadem tempora christianorum vis institutorum spectata est in militia. Erat enim militis christiani summam fortitudinem cum summo studio conjungere disciplinae militaris." S. Cyrillus Hierosol. Epist. ad Augustin. de miraculis D. Hieronym.: „Non christianus ille est, qui pro veritate mori timet." S. Eusebius Caesariens. Ep. ad Damasum papam de morte D. Hieronymi.

er für eine Idee, wie hoch und hehr dieselbe auch sei, mit seinem Leben eintreten solle. Die bloße Vernunftmoral ist die reine Abschreckungstheorie gegen allen Heroismus: ihr Evangelium ist das Evangelium der sittlichen Schwäche. Der aus der natürlichen Ordnung allein geschöpften Ethik fehlt endlich ein Ideal der Vollkommenheit und doch ist ein solches notwendig. Da nämlich der Mensch als Vernunftwesen nur zu einem bestimmten Zwecke handeln kann, so muß ihm bei jeder Handlung das vorschweben, was er erreichen will. Soll er nun nach Vollkommenheit streben, so muß ein Bild derselben vor seinem geistigen Auge sein. Worin aber die Vollkommenheit eines geistigen Wesens besteht, zeigt uns die natürliche Ordnung nicht. Allerdings haben wir aus derselben erkannt, daß die Entwicklung des Menschen eine harmonische sein soll, aber damit wissen wir noch nicht, nach welcher Richtung sich diese harmonische Entwicklung bewegen muß. Denn da der Mensch ein Einzelleben führt, aber auch am Gemeinleben teilnimmt, so entsteht sofort die Frage: Ist derjenige Mensch der vollkommenste, welcher alle seine Fähigkeiten und Kräfte in einer solchen Weise entwickelt hat, wie es für das Einzelleben am geeignetsten ist? Aber dann wäre die absolute Herrschaft des Egoismus über jeden Menschen das ersehnte Ziel. Oder ist es derjenige, welcher in das gesellschaftliche Dasein am besten paßt? Dann würde der Einzelmensch zu einem bloßen Mittel für die Gesamtheit. Oder endlich — was auch die Harmonie unserer Entwicklung zu fordern scheint — ist es jener, der beiden Richtungen am meisten entspricht? Dann fehlt wieder die logische Norm, wann und inwiefern der Mensch sich für die Gesamtheit aufzuopfern hat. Geht unser Horizont nicht weiter, als der Kreis der natürlichen Dinge, so fehlt uns das Ideal, nach welchem wir uns bilden sollen.[1]) Wenn

---

[1]) Seneca, De tranquill. anim. c. 7.: „Ubi sapientem invenies, quem tot saeculis quaerimus? Cicero, De off. III. 4.: „Nemo

der Mensch es versucht, sich ein solches zu erdenken, so formt er erfahrungsmäßig sein Ideal nach sich selbst, überträgt auf dasselbe seine eigene Beschaffenheit und drückt ihm damit auch den Stempel der Unvollkommenheit auf.[1]) In diesem Sinne sagen die Xenien ganz richtig: „Wie einer ist, so ist sein Gott." Die Weltgeschichte, diese »magistra vitae et lux veritatis« (Cicero), zeigt uns, daß selbst jenes Volk, welches das Äußere des Menschen in seinem Apoll vom Belvedere auf eine so bewunderungswürdige Weise zu idealisieren vermochte, es dennoch nicht verstanden hat, für das Innere des Menschen ein auch nur einigermaßen befriedigendes Ideal zu schaffen. Die Götter, zu welchen Griechenland seine idealen Anschauungen verkörperte, sind die Unvollkommenheit selbst.[2])

---

horum sic sapiens est, ut sapientem volumus intelligi. Das punctum saliens in Matth. 19, 17: „Was frägst Du mich über das Gute? Einer ist gut, Gott!" — Es ist für den Atheismus verhängnisvoll, daß auch er ohne die Gottesidee nicht durchkommen kann. Er sieht sich wenigstens zu der Beteuerung gezwungen, daß er die Würde der Gottesidee durchaus nicht (!) herabsetze. — Voltaire sagt: „Wenn es keinen Gott gäbe, so müßte man einen erfinden."

[1]) Und doch muß dieses Ideal unendlich vollkommen oder für den Menschen unerreichbar sein, damit auch für den vollkommensten Menschen der Erde noch ein weiteres Streben möglich ist."

[2]) Sie zu lieben, war unmöglich. Deßhalb kamen auch Namen wie φιλόθεος — so bemerkt Letronne — im ganzen heidnischen Altertum nicht vor. Daß solche Vorbilder nicht dazu dienen können, die Sittlichkeit zu heben, liegt auf der Hand. „Die Idee der Sittlichkeit hat nur in der Idee der Gottheit ihre Gewähr: die Gottheit ist immer das Ideal der sittlichen Vollkommenheit: ist daher die Gottheit selbst ihrer hohen, geistigen Vollkommenheiten entkleidet, ist sogar das Laster vergöttert, so ist der Sittlichkeit des Menschen das Fundament genommen, ja, das Laster kann (wie z. B. im Dienste der Mylitta) selbst zum Kulte werden." Wetzer und Weltes Kirchenlexikon unter Paganismus. Allerdings fordert Plato die möglichste Gottähnlichkeit von dem Menschen, aber dabei beschuldigt er, sonst ein Freund des überlieferten, frommen Glaubens, die Dichter seines Volkes, daß sie durch die unwürdigen Vor-

Also auch hier ist nur Stückwerk des Menschen Er=
kennen!¹) Der Mensch kommt nun einmal nicht los von dem
Urquelle alles Seins, von der Urnorm alles Wahren, Schönen
und Guten; bei der ganzen Größe des Menschen ist die
willige Anerkennung seiner Abhängigkeit von Gott das not=
wendige Resultat eines konsequenten und logischen Denkens.
Der Mensch ist mit Vernunft begabt, aber unsere Vernunft
ähnelt nur einem Gängelband in der Hand unseres Gottes,
das uns an seinen Willen bindet und immer wieder zu dem=
selben zurückführt. Sie ist das erhabenste und schönste aller
unser Vermögen;²) wir folgen ihr willig, denn „Vernunft
beherrscht den Willen eines Mannes".³) Aber wie uns das
Ohr nur die Töne bietet und wir die Farben nur durch
das Auge unterscheiden können, so vermag uns die Vernunft

---

stellungen, die sie von der Götter= und Heldenwelt verbreitet, das mora=
lische Gefühl an sich selbst irre gemacht hätten. Gerade den eifrigsten
Verehrern des höchsten Gottes mußte sich nach dem Ausdruck des Persius
dessen giftgetränktes Beispiel am tiefsten in das Herz einfressen. Als
deus Fidius war Jupiter der Hort des Eides, dennoch ließ er sich durch
seine Liebe (!) zur Jo zu einem Meineid (!) verleiten. Dies kann natür=
lich keine besondere Aufmunterung zur Wahrhaftigkeit gewesen sein.
Polybius (hist. VI. 54.) sah sich auch zu dem für sein Nationalgefühl
so peinlichen Geständnis gezwungen, daß man einem Griechen, auch
wenn er zehn obrigkeitlich beglaubigte Handschriften mit eben so vielen
Siegeln und doppelt so vielen Zeugen aufstelle, dennoch kein Talent
Goldes anvertrauen dürfe.

¹) Ad Coloss. II. 8.: „Videte ne quis vos decipiat per
philosophiam . . . secundum elementa mundi et non secundum
Christum." — Plato, Sizygia 1. in Apolog: „Humanam sapientiam
haud magni, imo nihil plane aestimandam censes; solus vero Deus
sapiens est."

²) S. Isidor. Hisp. lib. 2. de Synonym. cap. 17.: „Tu es dux
vitae, o ratio; . . . nihil te carius esse debet, nihil te dulcius."

³) Shakespeare, Sommernachtstraum, Akt 2, Scene 2. S. Augustinus, De libero arbitrio, cap. 8.: „Motibus animae cum ratio
dominatur, ordinatus homo dicendus est." S. Gregor. Naz. Orat.
17. de Paupert. Cicero, Tusc. quaest. lib. 4. num. 39.

aus der uns umgebenden Welt wohl das Wahre, d. i. dem
Sein Entsprechende und darum für das Sein Nützliche, nie=
mals aber das Sittliche zu bieten.¹)

Unser Sein ist etwas Gegebenes und Thatsächliches.
Um unserem Sein entsprechend zu leben, müssen wir — so
fordert die Logik — auf eine ganz bestimmte Weise leben.
Doch diese logischen Konsequenzen aus unserem Sein können
uns nur dann verpflichten, wenn wir zuerst zu unserem
Sein verpflichtet sind. Hierzu aber kann uns nur derjenige
verpflichten, der uns das Sein gegeben hat.

Gott ist also die Quelle des Sittlichen. Nur was
Gott will, ist sittlich. Als Imperativ ist für den Menschen
nur das Eine denkbar: Thue, was Gott will!²) Wäre nicht

---

¹) Vor unseres Kaisers Majestät hat es erst neulich eine hochbe=
rühmte, deutsche Universität (Greifswald) offen ausgesprochen, daß auch
größte Wissenschaft noch nicht sittlich zu machen vermöge. Der Syllabus
reprobiert unter Prop. 3.: „Humana ratio nullo prorsus Dei respectu
habito unicus est boni et mali arbiter, sibi ipsi est lex et natu-
ralibus suis viribus ad hominum ac populorum bonum curandum
sufficit." — Die Vernunft hat der Sittlichkeit gegenüber eine schöne
und erhabene Aufgabe zu erfüllen. Sie soll den Menschen zu der Quelle
der Sittlichkeit führen und ihn aus derselben schöpfen lassen. Dies ist
die schönste und erhabenste Aufgabe der Vernunft überhaupt. Leo XIII.
in der Encyklika Aeterni Patris Unigenitus vom 4. August 1879:
„Philosophia, si rite a sapientibus usurpetur, iter ad veram fidem
quodammodo sternere et munire valet, suorumque alumnorum
animos ad revelationem suscipiendam convenienter praeparare:
quamobrem a veteribus modo praevia ad christianam fidem in-
stitutio (Clem. Alex. Strom. lib. I. c. 16.; l. VII. c. 3.) modo chri-
stianismi praeludium et auxilium (Orig. ad Greg. Thaum.) modo
ad Evangelium paedagogus (Clem. Alex. Strom. I. c. 5.) non im-
merito appellata est."

²) Stahl a. a. O., Bd. 2, Abt. 1, §. 28: „Inhalt wie Sanktion
des Sittlichen kann nur von der absoluten Ursache, also nach unserer
Annahme vom persönlichen Gott ausgehen Er ist das sittliche Urbild
und die sittliche Urmacht. Das Wesen des Ethos ist dann nicht das
Verhältnis zweier Potenzen oder zweier Momente, des „Subjektiven und

Gott, so gäbe es nicht sittlich Gutes, nicht sittliche Pflicht=
erfüllung, nicht sittliche Ordnung.¹) Alles dies steht und
fällt mit der Religion.²)
Darum ist es ein echtes Hohenzollernwort, daß
„man streben solle, dem Volke die Religion zu er=
halten."³)

Objektiven", des „Idealen und Realen", der „Vernunft und Natur"
und Herrschaft des ersteren über das letztere (Fichte, Hegel, Schleiermacher); das ist vielmehr nur eine Äußerung desselben. Sondern das
Wesen des Ethos ist Verhältnis zweier persönlichen Willen, des göttlichen
und des kreatürlichen, das Aufnehmen des ersteren in den letzteren, das
ist sowohl die Unterwerfung unter dessen Ansehen, als das Erfülltwerden
mit seiner Beschaffenheit."

¹) Lütticher Studentenkongreß 1865: „Nachdem wir die Autorität
Gottes abgeschüttelt, wollen wir auch von keiner menschlichen Autorität
etwas hören. . . . Es leben die Helden des Jahres 93! Ihr Beispiel
muß man befolgen."

²) Nach Kant besteht die Religion in der Anerkennung aller unserer
Pflichten als göttlicher Gebote. — Auch das Christentum lehrt, daß ohne
Gott der Mensch nichts Gutes wollen und thun kann. Leo XIII. in
der Encyklika Humanum genus v. 20. April 1884: „Mundi enim
opifex idemque providus gubernator Deus: lex aeterna naturalem
ordinem conservari jubens, perturbari vetans: ultimus hominum
finis multo excelsior rebus humanis extra haec mundana hospitia
constitutus: hi fontes, haec principia sunt totius justitiae et
honestatis."

³) Leo XIII. in der Encyklika Aeterni Patris Unigenitus vom
4. August 1879: „Si quis in acerbitatem nostrorum temporum
animum intendat, earumque rerum rationem, quae publice et
privatim geruntur, cogitatione complectatur, is profecto com-
periet, fecundam malorum causam, cum eorum quae premunt,
tum eorum quae pertimescimus, in eo consistere, quod prava de
divinis humanisque rebus scita, e scholis philosophorum jampridem profecta, in omnes civitatis ordines irrepserint, communi
plurimorum suffragio recepta. Cum enim insitum homini natura
sit, ut in agendo rationem ducem sequatur, si quid intelligentia
peccat, in id et voluntas facile labitur: atque ita contingit, ut

Das Sach- oder Realprincip der Moral ist Gott. Die Religion allein überbrückt die sonst unausfüllbare Kluft zwischen dem natürlichen und sittlichen Menschen. Ohne Religion keine Moral.[1]) Da es unmöglich ist, die philosophische Ethik auf sich selbst zu stellen, so ist — und hier stimmen wir mit Kant überein — Herbarts Versuch, die Ethik von der Metaphysik zu trennen, durchaus verfehlt.

Das Erkenntnisprincip der Moral ist die Natur des Menschen. An ihr und durch sie erkennen wir, was Gott von dem Menschen will. Wer nämlich die Ursache will, will auch deren notwendige Folge. Nun hat der Schöpfer die Natur des Menschen gewollt. Darum will er auch deren Konsequenzen. Alles, was aus der Natur des Menschen mit Notwendigkeit folgt, ist von Gott gewollt und eben deshalb für uns sittlich verbindlich. Nur so wird die natürliche Ordnung zu einer sittlichen Ordnung. Nur so ermöglicht sich auch eine selbständige und von dem Eudämonismus unabhängige Entwicklung der deontologischen Regel. Wir sollen der menschlichen Natur entsprechend handeln nicht deshalb und dann, weil und wann uns dieses für unsere Selbsterhaltung nützlich ist, sondern unbedingt und weil dies der Wille unseres Schöpfers ist.

Wozu aber dann die Offenbarung? Hierauf antwortet in klassischer Weise der heilige Augustinus, enarrat. in psalm. 57.: „Weil die Menschen in ihrem begierigen Streben nach der Außenwelt auch ihrem eigenen Selbst sich entfremdeten, so ward das geschriebene Gesetz gegeben; nicht als

---

pravitas opinionum, quarum est in intelligentia sedes, in humanas actiones influat, easque pervertat."

[1]) Seneca, ep. 41.: „Bonus vir sine deo nemo est." Geffcken, F. H., Staat und Kirche, Berlin 1875, S. 6 u. ff.: „Es giebt keine Sittlichkeit ohne Religion. . . . In dem Maße, als eine Nation ihren religiösen Glauben verliert, wird der Kultus der Gewalt und des Goldes allmächtig."

wäre es etwa in deinem Herzen nicht geschrieben, sondern weil du von deinem Herzen als Fremdling entfernt warst, so solltest du von dem, der überall ist, ergriffen und zu dir selbst in dein Inneres zurückgewiesen werden. Was ruft daher das geschriebene Gesetz denen, die das in ihr Herz eingeschriebene Gesetz verlassen haben, zu? Kehret zurück, ihr Untreuen, in euer Selbst!"

Doch der Erdball trägt viele Religionen, welche alle geoffenbaret sein wollen. Welche Verschiedenheit unter ihnen!

Eine jede dieser vielen Religionen will in ihrem Dogma das Verhältnis Gottes zu dem Menschen lehren und fordert dann in ihrer Moral ein dem entsprechendes Verhalten des Menschen als das sittliche Handeln.[1])

---

[1]) Hegel lehrt (nach Schwegler a. a. O., S. 301): „Der Inhalt aller Religion ist die innere Erhebung des Geistes zum Absoluten als der allbefassenden, alle Gegensätze versöhnenden Substanz des Daseins, das Sicheinswissen des Subjektes mit Gott. Alle Religionen suchen eine Einheit des Göttlichen und Menschlichen. Am rohesten thun dies 1) die Naturreligionen des Orients. Gott ist ihnen noch Naturmacht, Natursubstanz, gegen welche das Endliche, Individuelle als Nichtiges verschwindet. Zu einer höheren Gottesidee schreiten fort 2) die Religionen der geistigen Individualität, in denen das Göttliche als Subjekt angeschaut wird — als erhabene Subjektivität voll Macht und Weisheit im Judentume, der Religion der Erhabenheit; als Kreis plastischer Göttergestalten in der griechischen Religion, der Religion der Schönheit; als absoluter Staatszweck in der römischen Religion, der Religion des Verstandes oder der Zweckmäßigkeit. Zur positiven Versöhnung von Gott und Welt bringt es aber erst 3) die offenbare oder christliche Religion, indem sie in der Person Christi den Gottmenschen, die verwirklichte Einheit des Göttlichen und Menschlichen anschaut, und Gott als sich selbst entäußernde (menschwerdende) und aus dieser Entäußerung ewig in sich zurückkehrende Idee, d. h. als dreieinigen Gott auffaßt. Der geistige Gehalt der offenbaren Religion oder des Christentumes ist somit der gleiche, wie derjenige der spekulativen Philosophie, nur daß er dort in der Weise der Vorstellung, in Form einer Geschichte, hier in der Weise

Über ihre Dogmen können wir hier nicht urteilen, denn diese liegen ganz und gar außerhalb des für diese Unter=
suchung gezogenen Horizontes. Für ihre Moral dagegen haben wir ein überzeugendes Kriterium in der aus der Natur des Menschen geschöpften Ethik.[1]) Denn giebt uns diese auch nicht das Sittliche selbst — dies kann ja nur die Religion — so sagt sie uns doch, was vernunft= und naturgemäß ist und darum sittlich sein kann; ja, mit dem Moment, in welchem wir Gott als unseren Schöpfer erkennen, werden die Ver=
nunftregeln unserer Ethik zu moralisch verbindenden Ge=
boten und müssen — dies ist von höchster Bedeutung — mit der gesamten durch die wahre Religion gebotenen Moral in harmonischem Einklang stehen.

Vergleichen wir nun die aus der Natur des Menschen sich mit logischer Notwendigkeit ergebende Ethik mit der Moral des Christentums, so sehen wir deren vollkommene Kongruenz.[2]) Dieselben Sätze, welche das logische Denken als vernunftnotwendig und zu unserer Erhaltung und Ver=
vollkommnung dienend entwickelt, bietet auch die Religion

---

des Begriffes dargestellt wird." Hierzu bemerken wir. Unsere Religion forbert auch von jedem einzelnen, daß er das Menschliche und Göttliche in seiner sittlichen Person vereine, denn wir sollen ganze Menschen sein um Gottes willen. Nur so sind wir Nachfolger des Gottmenschen.

[1]) Lact. Firm. lib. 1. de Divin. inst. cap. 21.: „Vera religio cum moribus congruit." Herber, Briefe zu Beförderung der Humanität 2, 26, 29: „Je reiner eine Religion war, desto mehr mußte und wollte sie die Humanität befördern. Dies ist der Prüfstein selbst der Mythologie der verschiedenen Religionen."

[2]) Leo XIII. in der Encyklika Aeterni Patris Unigenitus vom 4. August 1879: „Neque mediocriter in eo triumpare fides christiana censenda est, quod adversariorum arma, humanae rationis artibus ad nocendum comparata, humana ipsa ratio . . . repellat." S. Augustinus lib. 4. contra Julian. cap. 14.: „Non est honestior philosophia gentium quam christiana, quae una est vera philosophia."

des Christentums dar, aber als sittlich verbindlich, weil von Gott gewollt.¹)

Hiermit beweist sich, daß das Christentum der menschlichen Natur so sehr entspricht, daß es für den Menschen eine Notwendigkeit ist. Wie die Pflanze nur im Sonnenlicht, so kann auch das Menschengeschlecht nur im Licht des Christentums zu seiner höchsten Entfaltung gelangen, denn nur durch dieses wird es angeleitet, sich in der naturgemäßen Weise zu entwickeln. Durch seine eigene Natur ist der Mensch für das Christentum bestimmt: er ist für dasselbe geboren.²)

---

¹) Leibniz in der Vorrede zur Theodicee: „Die Religion Jesu hat die natürliche Religion zum Gesetze erhoben und so die Religion der Weisen zur Religion der Völker gemacht." Napoleon I. (nach Beauterne, Sentiment de Napoléon sur le Christianisme, ch. 6.): „Ich kenne die Menschen und ich sage Ihnen, es giebt eine Urwahrheit, die bis zur Wiege der Menschheit hinaufreicht, die man bei allen Völkern findet, weil sie vom Finger Gottes in unsere Seele geschrieben ist: das Gesetz der Natur. Eine einzige Religion aber nimmt das Naturgesetz vollständig an, eine einzige macht daraus den Gegenstand eines fortwährenden und öffentlichen Unterrichts. Und wer ist diese einzige? Die christliche!" Guizot, L' église et la société chrétienne, chp. 14.: „En même temps que son origine est divine, l'idée fondamentale du christianisme est essentiellement et par excellence humaine." Herder a. a. O.: „Die Religion Christi ist . . . die Humanität selbst. Nichts anderes als sie, sie aber auch im weitesten Inbegriff, in der reinsten Quelle, in der wirksamsten Anwendung. Christus kannte für sich keinen edleren Namen, als daß er sich den Menschensohn, d. i. einen Menschen nannte." Döllinger, Heidentum und Judentum, Regensburg 1857, S. 667: „Durch das Christentum ist das sittliche und das religiöse Bewußtsein des Menschen unauflöslich zu einem Ganzen verschmolzen worden."

²) Tertullian, Apologet. c. 17.: „Fürwahr, die Seele giebt Zeugnis, daß sie von Natur aus Christin ist." Balders Hohepriester in der Frithjofssage von Esaias Tegnér:

„Ein Balder war im Süden auch, der Jungfrau Sohn.
Fried' war sein Heerschrei, Liebe war sein blankes Schwert,
Als Taube saß die Unschuld auf dem Silberhelm . . .
Sein Wort, erzählt man, wandert hin von Thal zu Thal,

Je mehr man wahrer Mensch ist, desto mehr ist man Christ, je mehr ein Christ, desto mehr ein vollkommener Mensch: das Christentum ist die Vollendung des Menschentums.¹) Niemals könnte sich die menschliche Gesellschaft von dem Christentume losreißen, sie müßte denn ihre eigene Natur umstürzen können.²) Je weiter das Menschengeschlecht fortschreiten wird, desto christlicher wird es auch sein.³) Es ist gewiß, daß das Christentum einst das gesamte Menschengeschlecht umfassen wird, denn es ist der echte und rechte Ausdruck des reinen Menschentums,⁴)

    Erweichet harte Herzen, legt in Hand die Hand
Und bauet auf versöhnter Erd' ein Friedensreich.
Nicht kenn' ich recht die Lehre, doch geahnet schon
Hab' ich in meinen besseren Stunden dunkel sie.
Sie ahnt so wie das meine, jedes Menschen Herz. . . .
Ihr glücklichen Geschlechter, ihr, die ihr dann trinkt
Den Strahlenkelch des neuen Lichts. . . . Heil euch!"

¹) Weiß, A. M., schrieb ein treffliches Buch unter dem Titel: Erst Mensch, dann Christ und so ein ganzer Mensch, Freiburg 1878, als ersten Teil seiner „Apologie des Christentumes vom Standpunkte der Sittenlehre".

²) Nicolas, du protestantisme et de toutes les hérésies dans leur rapport avec le socialisme, Paris 1852, p. 222.

³) Es ist ein Irrtum von Lessing (Erziehung des Menschengeschlechtes), daß die Menschheit infolge einer unbegrenzten Kraft der Vervollkommnung vom Judentume zum Christentume und über dieses hinaus zum Zeitalter des ewigen Evangeliums fortschreite. Denn ist das Christentum der wahre Ausdruck des Menschentumes, so ist auch ein wahrer Fortschritt der Menschheit in Gegensatze zum Christentume unmöglich. Bei der Unveränderlichkeit der menschlichen Natur ist notwendig das Christentum selbst das ewige Evangelium. Auch Schelling erwartet von der Zukunft eine neue und höhere Religionsform, „in welcher Philosophie, Religion und Poesie sich zur Einheit verschmelzen." Warum aber in die Ferne schweifen, wenn das Gute so nahe liegt?

⁴) Es ist also die Aufgabe des christlichen Priesters, alle Menschen zu echten und rechten Menschen zu machen.

der wahren Humanität¹) und damit die Religion
κατ' ἐξοχήν, die Weltreligion.

Wenn die Religion die einzige Quelle des Sittlichen
ist, so kann auch das Recht, seinen sittlichen Charakter, seine
im Gewissen verbindende Macht nur durch die Religion, durch
die Religion allein erhalten.²)
Die einzelnen Rechtssätze, Rechtsverhältnisse und Rechts=
institute können allerdings durch die Vernunft allein auf
dem Grund der natürlichen Ordnung unseres Lebens kon=
struirt werden. Dies wird öfters geleugnet, ist aber unleug=
bar, denn das Erkenntnisprincip des Rechtes ist und bleibt
die menschliche Natur. Ja, es bietet sich sogar zur Durch=
führung dieses Rechtes ein Mittel dar, welches bei der Moral
nicht angewendet werden kann: der Zwang. Aber ein solches
Recht wäre, wenn auch erzwingbar, so doch nicht sittlich ver=
bindlich. Auch bei der besten Rechtspflege würde es nicht
beobachtet werden, zumal wenn man hoffen könnte, dem
Rechtszwange zu entgehen. Schon Horaz ruft deshalb aus:
»Quid leges sine moribus!«³) Ein solches Recht wäre

---

¹) S. Hieronym. ep. 37. ad Pammach. et Oceanum: „Christiani
minime dici possunt, qui nomen primae humanitatis amittunt."
²) Cardinal Rauscher, der Staat ohne Gott, Hirtenschreiben vom
25. Januar 1865: „Es giebt kein Recht ohne Pflicht; es giebt keine
Pflicht ohne Gott."
³) Cicero de nat. deor. 1., 2.: „Haud scio an pietate ad-
versus deos sublata, fides etiam et societas generis humani et
una excellentissima virtus, justitia tollatur." Montesquieu, Considérations sur les causes de la grandeur des Romains et de
leur décadence, Leipzig 1871, S. 76: „La religion est le meilleur
garant que l'on puisse avoir des moeurs des hommes." Leo XIII.
in der Encyklika Diuturnum illud vom 29. Juni 1881: „. . . Non
habent principes in tantis periculis remedia ad restituendam publicam disciplinam pacandosque animos satis idonea. Instruunt
se auctoritate legum, eosque, qui rempublicam commovent, se-
veritate poenarum coercendos putant. Recte quidem: sed tamen

nicht ein »jus sanctum«, nicht ein lebendiges Recht; es würde allerdings noch immer die festen Formen unseres Rechtes tragen, aber es wäre nur Buchstabe ohne Geist, nur ein Körper ohne Seele.¹)

Dies ändert sich mit einem Schlage, sobald die Großmacht unseres Lebens — das Gewissen — auch über das Recht wacht. Das Gewissen ist ein mächtigerer Faktor für die Durchführung der Rechtsordnung, als der gesamte, mit so ungeheuren Mitteln arbeitende Apparat der modernen Justiz.

Aber das Gewissen subsumiert nur den Fall unter das Gesetz des göttlichen Willens.²) Daß das Recht ein Aus-

---

serio considerandum est, vim nullam poenarum futuram tantam, quae conservare respublicas sola possit. Metus enim, ut praeclare docet sanctus Thomas, est debile fundamentum; nam qui timore subduntur, si occurrat occasio qua possint impunitatem sperare, contra praesidentes insurgunt eo ardentius, quo magis contra voluntatem ex solo timore cohibebantur.... Itaque obediendi altiorem et efficaciorem causam adhibere necesse est, atque omnino statuere, nec legum esse posse fructuosam severitatem, nisi homines impellantur officio, salutarique metu Dei permoveantur. Id autem impetrare ab iis maxime religio potest."

¹) Deshalb erklärt auch die Encyklika vom 8. Dez. 1864, „daß, sobald die Religion von der bürgerlichen Gesellschaft genommen und die Lehre und das Ansehen der göttlichen Offenbarung verschmäht ist, auch der echte Begriff der Gerechtigkeit und des menschlichen Rechtes verdunkelt wird und verloren geht."

²) Den psychologischen Vorgang im Gewissen erklären wir uns auf folgende Weise. Das Sittengesetz besteht aus den unbedingten Forderungen der menschlichen Natur an das menschliche Wollen und Handeln. Sobald sich nun ein Mensch zu Unsittlichem bestimmt, so tritt sein Wollen und Handeln in feindlichen Gegensatz zu den Forderungen seiner eigenen Natur. Diese Automachie muß sein Gefühl des Eigenbaseins vermindern, d. h. Unlust erregen. Erfüllt er dagegen das Sittengesetz, so wirkt er, was sein Wesen zu seiner wahren Entwicklung fordert. Dies muß sein Gefühl des Eigenbaseins vermehren, d. h. eine Lust sein. Die Stimme des Gewissens ist die Stimme unseres von Gott geschaffenen,

fluß des göttlichen Willens ist, geht schon aus seinem Begriff hervor, denn besteht es in den unbedingten Forderungen der menschlichen Natur an das menschliche Gemeinleben, so kann das Realprincip des Rechtes nur der Urheber der menschlichen Natur sein. Gott ist die Quelle des Rechtes; die Rechtsordnung ist eine heilige Ordnung.

Auch das Rechtsvolk der Weltgeschichte sagte: »Jus a Jove!« Nur diese Rechtsauffassung ist urdeutsch.[1])

---

inneren Wesens und damit die Stimme Gottes. So erklärt sich auch — was Kant nicht erklären kann — warum wir, obwohl selbst Ankläger und Richter, der Anklage dennoch nicht ausweichen können, sondern schlechterdings uns vor das Gewissen stellen müssen. Es ist unbegreiflich, wie manche Psychologen die ganze Erscheinung des Gewissens aus der Lust und Unlust an dem Echo der fremden Meinung begreifen und mit Adam Smith behaupten wollten, daß es in völliger Einsamkeit keine Selbstbilligung geben würde.

[1]) Auf einer pompejanischen Erztafel fand ich: ita ... JOVS esto! Die Eingangsformel einer jeden gerichtlichen Verhandlung lautete: A Jove principium! Demosthenes in 2. Dig. 1., 3, de legibus: „Τοῦτό ἐστι νόμος, ᾧ πάντας ἀνθρώπους προςήκει πείθεσθαι διὰ πολλὰ· καὶ μάλιστα, ὅτι πᾶς ἐστὶ νόμος εὕρημα μὲν καὶ δῶρον Θεοῦ, δόγμα δὲ ἀνθρώπων φρονίμων." Cicero de leg. II. 4. §. 8.: „Lex vera atque princeps apta ad jubendum et ad vetandum ratio est recta summi Jovis." Keyserrecht 1, 1: „Ein iglich mensche sal wissen, daz got ist recht und recht komt von got . . . und gerichte sterket gotes lob und hohet den keyser und mert daz riche und wirket vil guter dinge . . . hievon sal ein iglich mensche minnen daz gerichte."

§. 5.
Das Verhältnis von Moral und Recht zu der Freiheit des Menschen.

Der Wille des Menschen ist frei. Dies ist ein Resultat der Psychologie. Die natürliche Fähigkeit, unserem Willen durch eine äußere Handlung Ausdruck zu geben, haben wir mit der sogenannten vis motrix, d. i. unserem Vermögen der willkürlichen Bewegung.

Die Freiheit im Handeln ist eine unbedingte Forderung der Menschenwürde. Denn kraft seiner Natur ist der Mensch der irdische Zweck. Dies gilt nicht nur von dem Menschen überhaupt, sondern auch von jedem einzelnen, denn auch jeder einzelne ist ein vernünftiges Wesen der Sinnenwelt. Ist aber jedes menschliche Individuum Zweck, so muß es sich auch in seiner Individualität zu erhalten und zu entwickeln streben. Um dies zu können, muß sich jeder einzelne nach seiner Individualität bestimmen dürfen.

Das Wesen der Freiheit ist: sich nur nach seiner Individualität zu bestimmen.[1])

Das »agere sequitur esse«, welches über die ganze nichtvernünftige Welt als physisches Naturgesetz absolut herrscht, gilt auch für den Menschen. Sein Esse ist specifisch oder individuell. Die Forderungen seines specifischen Wesens soll er, die seines individuellen Wesens darf er erfüllen. Dort ist die Pflicht, hier die Freiheit gegeben. Der vernunftgemäße Gebrauch der Freiheit besteht in der Erhaltung und

---

[1]) S. Thomas contra gentiles, lib. III., cp. 112.: „Liber est qui sui causa est" Stahl a. a. O., Bd. 2, S. 321: „Das Wesen der Freiheit ist nur durch sein eigenes Selbst bestimmt zu werden."

Entwicklung der Individualität; der vernunftnotwendige in der Erfüllung der unbedingten Forderungen unseres specifischen Wesens, d. i. in dem moralischen und rechtlichen Handeln.

Das specifische Wesen besteht nur in unserem Denken und tritt nur vermittelst der Individualität in die reale Wirklichkeit. Die Individualität ist nur ein besonderer Ausdruck des specifischen Wesens. Wenn aber jede Individualität, wie immer sie auch beschaffen sein mag, ganz und voll das specifische Wesen enthält, so kann kein Mensch, der sich wirklich nach seiner Individualität bestimmt, eben damit gegen die Forderungen unseres specifischen Wesens, d. h. unsittlich handeln.[1]) Es ist unmöglich, daß eine wahre Ausübung der Freiheit zu Unsittlichem führt: es giebt keine Freiheit zu unsittlichem Handeln. Wer das Sittengesetz verletzt, bestimmt sich weder nach seinem specifischen, noch auch nach seinem wirklichen individuellen Wesen.[2]) So zeigt sich die unsittliche That als eine Verletzung des Weltgesetzes: »agere sequitur esse.«

Moral und Recht sind nicht wahre Beschränkungen der

---

[1]) Cicero de Paradoxis, cap. 5.: „Dictum est ab eruditissimis, nisi sapientem liberum esse neminem: quid est enim libertas nisi potestas vivendi ut velis? Quis igitur vivit ut vult, nisi qui recta sequitur, cui vivendi via considerata atque provisa est?"

[2]) Dasselbe gilt vom Staate, der sein positives Recht dem Naturrecht zuwider entwickelt. Da nämlich das Naturrecht die Forderung des specifischen, das positive die des individuellen Staatswesens ist, so liegt in der unbestrittenen Forderung, daß das Recht wirklich volkstümlich sein müsse, unstreitig auch die Forderung, daß es dem Naturrechte entspreche. -- Es ist dem Menschen psychologisch unmöglich, wissentlich und willentlich sich selbst zuwider zu handeln oder sich Böses zuzufügen. Nun bestimmt man sich bei einer unsittlichen That sowohl seinem specifischen als auch seinem individuellen Wesen zuwider. Darum liegt jeder Sünde eine Selbsttäuschung zu Grunde. Infolgedessen wird in Joh. 8, 44 der Teufel der Vater der Lüge genannt.

Freiheit. Denn wer sich nach ihnen bestimmt, bestimmt sich nach den unbedingten Forderungen der menschlichen Natur und damit nach sich selbst. Pflicht und Freiheit widersprechen sich nicht.

Noch mehr! Wenn man sich in Wahrheit nach sich selbst bestimmt, so bestimmt man sich zu den unbedingten Forderungen der menschlichen Natur, d. i. zu Moral und Recht. Darum handelt nur derjenige wirklich frei, der sittlich handelt:[1] Gott dienen ist unsere Freiheit.[2] Moralität[3]) und Rechtlichkeit[4]) sind höchste Freiheit; die wahren Freiheitshelden sind jene großen Charakter, die wir als Heilige verehren.[5]) Sünde und Unrecht sind Unfreiheit,[6])

---

[1]) Didym. Alex. bei Joan. Damasc. lib. 3. Parall. cap. 73.: „Solus sapiens liber ac princeps est etiamsi alioquin sexcentos corporis dominos habeat." Boëtius de Consol. philos. prosa 2. Clemens Alex. lib. 2 Stromat; S. Eusebius, Emissen. Homil. in Litaniis; Sixtus, Phil. Sent. 67.

[2]) Seneca, vita beata 15. 7.; Leo XIII. in der Encyklika Diuturnum illud vom 29. Juni 1881.

[3]) 2. Kor. 3, 17: „Wo der Geist des Herrn ist, da ist Freiheit." Ephes. IV., 8.: „Christus ... captivam duxit captivitatem." Die Gnade ist die Hilfe Gottes zum wahrhaft freien Handeln.

[4]) Goethe im Egmont: „Was ist des Freiesten Freiheit? Recht zu thun." S. Augustin., Tract. 41. super Evang. Joan. cap. 8.

[5]) Jak. 1, 25: „Wer das vollkommene Gesetz der Freiheit durchschaut und dabei beharrt ... wird selig werden." Marc. Antonin, Τὰ εἰς ἑαυτόν, XI. 18.: „Fange endlich einmal an, ein Mensch zu sein!"

[6]) Leo XIII. in der Encyklika Immortale Dei v. 1. November 1885: „Nec potest Ecclesia libertatem probare eam, quae fastidium gignat sanctissimarum Dei legum, debitamque potestati legitimae obedientiam exuat. Est enim licentia verius, quam libertas; rectissimeque ab Augustino libertas perditionis (Epist. CV. ad Donatistas, cap. II. n. 9.) a Petro Apostolo velamen malitiae (I. Petr. II. 16.) appellatur: immo, cum sit praeter rationem, vera servitus est: qui, enim, facit peccatum, servus est peccati." (Joan. VIII. 34.)

denn wer sich zu diesen bestimmt, bestimmt sich nicht durch sein eigenes Selbst, sondern durch etwas seinem wahren Wesen Fremdes.[1]) Die Apostel der Freiheit sind die Priester und Richter, denn durch ihr Wirken machen sie Unfreie frei.[2])

Dies hat man längst gefühlt und deshalb sogar geglaubt, Moral und Recht aus der Freiheit entwickeln zu müssen. Die „Naturrechtslehrer" pflegten in folgender Weise vorzugehen. Der Mensch ist vernünftig und muß deshalb innere und äußere Freiheit haben. Die Gesetze, die aus der inneren Freiheit und für sie folgen, sind die Moral, die aus der äußeren das Recht. Die äußere Freiheit, die an sich unbegrenzt ist, findet an der gleichen Freiheit der anderen Menschen ihre notwendige Schranke. „Diese nur durch die Maxime der Koexistenz eingeschränkte Freiheit ist das Urrecht. Das Urrecht bezeichnet daher das Recht des Menschen, zu nichts den anderen verbindlich zu sein, als wozu sie

---

[1]) Röm. 8, 20; 2. Petr. 2, 19: „Sie verheißen ihnen Freiheit, obwohl sie selber sind Sklaven der Verderbtheit." Hierzu Reischl, W., die heiligen Schriften des neuen Testamentes, Regensburg 1866, S. 1097, Anm. t: „Wie der Apostel das Zauberwort „Freiheit" als Lock- und Schlachtruf vermeintlicher Reform und wirklicher Revolution auf religiösem Gebiete kennzeichnet in bessen zweideutigen Bannerträgern und traurigen Erfolgen, so hörten seine Nachfolger im obersten Hirtenamte es seitdem durch den Verlauf der Geschichte immer von neuem und meist durch gleich sittlich verwerfliche Führer und Verführer erhoben, deshalb auch nur zu tieferer Entwürdigung und Knechtung christlicher Völker und Seelen wirksam."

[2]) Und da verlangte der „Freiheitsheld" Diderot, daß man an den „entrailles" des letzten Priesters den letzten König hängen solle. Ebenso Raynal, philosophische Geschichte des Handels beider Indien 1771: „Die Welt wird nicht glücklich sein, so lange man nicht alle Könige und Priester ausgerottet hat." Auch La folle journée ou le mariage de Figaro von Beaumarchais ist als Satire auf alle Gewalt hier zu nennen. Und dieses Stück wurde mit Hilfe des königlichen Hofes in Paris 1784 zum ersten Male aufgeführt!

auch wieder ihm verbindlich gemacht werden können. Darin liegt dann auch, daß der Mensch nicht bloßes Mittel für andere werde und aufhöre, Zweck zu sein."[1]) Eigentümlicherweise blieb man hier stehen und zog nicht aus diesem Zwecksein des Menschen unsere doch so nahe liegende Folgerung, daß dann auch das menschliche Wirken dem Menschen dienen und infolgedessen jeder einzelne allen anderen gegenüber befugt sein muß, sich zu erhalten und zu entwickeln. Man versäumte es, der Freiheit den notwendigen Inhalt zu geben. Diese blieb nach wie vor die leere Möglichkeit, zu handeln und das hat sich bitter gerächt.[2]) Vor allem gelang es nicht, jene fundamentale Berechtigung zu konstruieren, welche die wissenschaftliche Voraussetzung alles Naturrechts ist. Dann wurde man in der Ausführung jenes „Urrechts" zu den wunderlichsten Konsequenzen gedrängt. Jeder Vertrag z. B. bestehe zu Recht ohne Rücksicht auf seinen Inhalt. Der Staat beruhe, wenn auch auf einem notwendigen, so doch nur auf einem Vertrage. Die Ehe sei ein Vertrag zur ausschließlichen Geschlechtsgemeinschaft und die Kinder brauche man von rechtswegen entweder gar nicht, oder (nach Kant) nur deshalb zu erziehen, weil, „wer eine Person ohne ihre Einwilligung in die Welt gesetzt und damit gewissermaßen ihren Willen verletzt hat, dieselbe auch mit ihrem Zustande zufrieden machen müsse." Wenn dann Kant das höchste Rechtsgesetz so formuliert: „Handle äußerlich so, daß der freie Gebrauch deiner Willkür mit der Freiheit von jedermann nach einem allgemeinen Gesetze zusammenbestehen kann," so hat man durchaus richtig eingewendet, daß „dann jede Hand-

---

[1]) So Stahl a. a. O., Bd. 1, S. 248.
[2]) Leo XIII. in der Encyklika Quod Apostolici muneris vom 28. Dezember 1878: „Ab iis, qui philosophorum nomine gloriabantur, effrenis quaedam libertas homini attributa est, et jus novum, ut aiunt, contra naturalem divinamque legem confingi et sanciri coeptum est."

lungsweise als rechtlich erscheint, wodurch die Freiheit der Willkür anderer Menschen nicht beeinträchtigt wird. Dann bedarf es nur der gegenseitigen Zustimmung und Einwilligung, die sich im Rechtsgesetze ausspricht, um jede Handlung rechtlich zu machen, mag sie auch noch so verabscheuungswürdig sein. Unter der einzigen Voraussetzung allseitiger freier Einwilligung, ausgesprochen im Gesetze, würden Wucher, Sklaverei, Mord u. s. w. legale, rechtlich unantastbare Handlungen sein".[1]) Wenn übrigens alles Recht aus der Freiheit entstünde, so wäre ein Mörder nur deshalb zu bestrafen, weil er einem anderen die Freiheit genommen, nicht aber, weil er ihm das Leben geraubt, und das hieße doch mit der Kirche um das Kreuz gehen.

Es ist eine Forderung der Freiheit, daß das Recht der wirklichen Volksbeschaffenheit entspreche, denn niemals ist ein Volk frei, wenn es anders, als nach seinem eigenen Selbst sich bestimmen und leben muß. Zuerst also muß das Recht das Wesen der Volksgemeinschaft zum Ausdruck bringen, d. h. die Freiheit fordert die Geltung des Naturrechts. Dann muß es sich auch nach der Individualität des Volkes richten, d. h. die Freiheit fordert die Volkstümlichkeit des Rechtes.[2])

---

[1]) So Meyer a. a. O., S. 83.

[2]) Einen Druck der heimischen Verhältnisse fühlt man ebensowenig als den Druck der Luftsäule. Im fremden Lande dagegen fühlt man sich fremd, wie lange man auch dort weilen mag. Nichts vermag die Heimat zu ersetzen; das „ubi bene, ibi patria" ist das Falscheste, was je gesagt worden ist. Plinius, II. lib. 4. epist. 13. ad Cornelium Tacit.: „Ubi homines jucundius morarentur, quam in patria?" Seneca Epist. 66.: „Nemo patriam quia magna est amat, sed quia sua." Philo Jud. de legat. ad Cajum. — Der Mensch ist vernünftig und muß, um frei zu sein, sich nur nach vernunftgemäßem Rechte zu bestimmen brauchen. So sagt Stahl a. a. O. ganz richtig und leugnet dennoch — das Naturrecht!

Von der Moral verlangt die Freiheit, daß sie den Forderungen unseres inneren Selbst genüge. Darum darf die Moral nichts gebieten oder erlauben, was der Natur des Menschen widerspricht. Erlaubt sie z. B. wie bei den Mohammedanern die Polygamie, so ist sie falsch. Da der vernunftgemäße Gebrauch der Freiheit in der Selbsterhaltung und Selbstentfaltung liegt, so darf die Moral nichts gebieten, was der Menschheit schädlich ist. Verlangt sie als sittliche Pflicht, wie bei den Skopzen in Rußland, die Selbstverstümmelung, oder wie bei den Thugs in Indien den Mord, so gehört sie in die Krankheitsgeschichte der Menschheit. Sie kann sich auch nicht in Äußerlichkeiten, in leeren Formen erschöpfen, welche mit unserem inneren Selbst nichts zu thun haben. Wie überall, so gilt ganz besonders hier unser biblisches Wort, daß der Buchstabe tötet, und nur der Geist es ist, der lebendig macht. „Wo der Geist Gottes wohnt, da wohnt die Freiheit;"[1] nur diejenige Religion verträgt sich mit der Freiheit, welche den vollkommenen natürlichen Menschen für den moralisch guten Menschen erklärt. Die wahre Religion muß den Menschen anleiten, sein ganzes Innere bis zur höchsten Blüte zu entfalten, bis zur höchsten Güte zu veredeln; sie muß ihn vervollkommnen, bis er dem unendlich Vollkommenen möglichst ähnlich ist. Gerade hierin muß die wahre Religion die echte und rechte Gottesverehrung sehen. Unter allen Moral- und Religionssystemen der Erde finden wir aber nur ein einziges, welches diesem Ideal entspricht, und dieses einzige ist das Christentum.[2] Der Christ und nur der Christ ist frei.[3]

---

[1] 2. Kor. 3, 17.
[2] Röm. 12, 1: „Ich bitte euch um der Erbarmungen Gottes willen, daß ... euer Gottesdienst vernünftig sei. Wandelt euch selbst um in Erneuerung eueres Sinnes, so daß ihr prüfet, was der Wille Gottes, was gut, wohlgefällig und vollkommen sei."
[3] Joh. 8, 32: „Ihr werdet die Wahrheit erkennen und die Wahr-

Da der vernunftnotwendige Gebrauch der Freiheit in dem rechtlichen und moralischen Handeln liegt, so ist nur ein Volk von Rechtssinn und Moralität der Freiheit fähig.[1]) Bei allgemeinem Sittenverfall ist der Absolutismus berechtigt, ja zur Rettung der Gesellschaft notwendig.

§. 6.
Verhältnis von Moral und Recht zu den Lebensverhältnissen im allgemeinen.

Da sich der Mensch zu erhalten und zu entwickeln hat, so muß er für die Befriedigung seiner Bedürfnisse sorgen. Nun führt er ein Einzelleben, nimmt aber auch am Gemeinleben teil. Darum sind seine Bedürfnisse entweder individuell oder gemeinsam.[2])

---

heit wird euch frei machen." Leo XIII. in der Encyklika Immortale Dei vom 1. November 1885: „In hominibus enim mater et custos optima libertatis veritas est." S. Augustinus de quantitate animae, cap. 34.: „Haec est vera, haec est perfecta, haec sola religio, per quam Deo reconciliari pertinet animae, qua se libertate dignam facit." Lact. Firm. lib. 5. de Divin. inst. cap. 20.: „Nihil est tam voluntarium, quam religio christiana." S. Ambrosius, lib. 2. ep. 7. ad Simplicianum.

[1]) Guizot a. a. O., S. 143: „La liberté a besoin de vertu. Les nations ne sont capables de se gouverner elles mêmes que lorsque les âmes se gouvernent fortement elles mêmes. Je ne crois pas calomnier mon temps en disant que ce qui lui manque précisément, c'est le ferme gouvernement des âmes par elles-mêmes."

[2]) Auch die Nationalökonomik teilt ihre Bedürfnisse in Individual- und Kollektivbedürfnisse ein.

Wodurch ein Bedürfnis befriedigt wird, richtet sich naturgemäß nach der Art des Bedürfnisses selbst. Manchen wird durch eine Sache genügt, und hierauf beruht das Sachenrecht; anderen wieder durch eine fremde Leistung, und hiermit ist der Vertrag gegeben; es giebt aber auch Bedürfnisse, die nur in einem bestimmten Verhältnis ihre Befriedigung finden können.[1])

Hier haben wir es nur mit denjenigen Verhältnissen zu thun, welche einem Bedürfnis des gemeinschaftlichen Lebens zur Befriedigung dienen.

Die Lebensverhältnisse in unserem Sinne sind jene stetigen Beziehungen der Menschen miteinander, welche als notwendiges Mittel zur Befriedigung eines gemeinsamen Bedürfnisses anerkannt sind.

Jedes Lebensverhältnis hat also den Zweck, ein bestimmtes Bedürfnis zu befriedigen und damit zur Erhaltung und Entwicklung des Menschen beizutragen. Dies ist das τέλος οὗ ἕνεκα (Aristoteles), dies die „innewohnende Bestimmung des Lebensverhältnisses" (Stahl). Es ist stetig oder ununterbrochen wirkend, weil auch das ihm zu Grunde liegende Bedürfnis als ein Bedürfnis des gesellschaftlichen Lebens ein stetiges ist. Würde ein Bedürfnis nur häufig wiederkehren, so würde es seine Befriedigung nicht in einem

---

[1]) Deshalb teilt die Volkswirtschaftslehre ihre Güter, b. h. ihre Mittel zur Bedürfnisbefriedigung in Sach-, Leistungs- und Verhältnisgüter ein. Ein Verhältnisgut nennt sie z. B. die Kundschaft, das Abonnement u. s. w. Daß diese nicht zu unseren Lebensverhältnissen gehören können, liegt auf der Hand. Einerseits dienen sie nur dem Bedürfnis von Individuen, respektive individuellen Kreisen, nicht aber einem direkten Bedürfnis der Gesamtheit. Andererseits sind sie auch nicht die notwendigen Mittel zur Bedürfnisbefriedigung; denn die Ware z. B. kann man sich auch durch Selbstproduktion, durch Tausch u. s. w. verschaffen. Es ist nicht nur ökonomisch, sondern auch juristisch richtig, daß die Bannrechte, b. h. Zwangskundschaften gefallen sind.

Verhältnis, sondern in einer bestimmten, oft wiederholten Leistung finden müssen. Auch nur für ein gemeinsames Bedürfnis kann ein Lebensverhältnis, nach welchem sich alle richten sollen, geschaffen werden. Freundschaft, Verlöbnis u. s. w. sind Verhältnisse, die für unser Leben oft große Bedeutung haben, aber weil sie individueller Natur sind und der Allgemeinheit nicht das mindeste Interesse bieten, so fallen sie nicht unter die Lebensverhältnisse in unserem Sinne. Endlich muß das Lebensverhältnis zur Befriedigung des betreffenden Bedürfnisses wirklich notwendig sein, denn sonst ließe sich die mit ihm gegebene Beschränkung der Willkür nicht rechtfertigen. Die Form des Lebensverhältnisses muß der Art des Bedürfnisses durchaus entsprechen und als das einzige Mittel zur Befriedigung desselben anerkannt sein.

Alle Menschen der Erde gehören der Menschheit und ihrem Volke zugleich an, leben also in einer zweifachen Gemeinschaft; deshalb sind auch die Bedürfnisse des gemeinschaftlichen Lebens und damit die Befriedigungsmittel derselben oder die Lebensverhältnisse zweifacher Art. Die einen sind allgemein menschlich, die anderen volkstümlich; jene sind ein Ausfluß der allgemeinen, menschlichen Natur, diese beruhen auf der besonderen Beschaffenheit des Volkes.

Aus der Natur des Menschen fließen die Ehe und das Verhältnis der Eltern zu den Kindern oder in einem Worte: die Familie. Dann die Kirche; denn aus der Natur des Menschen folgt das Bedürfnis, das innere Leben gemeinschaftlich zu entwickeln.[1]) Endlich der Staat; denn aus der Natur des Menschen fließt auf dieselbe Weise das Bedürfnis, sich nach außen, aber wiederum in Gemeinschaft, zu fördern. Da sich die nähere Beschaffenheit eines Staates nach

---

[1]) Die Kirche ist göttliche Stiftung, aber dabei auch die Befriedigung eines natürlichen Lebensbedürfnisses der Menschen.

der Beschaffenheit des betreffenden Volkes richtet, so ist er die Brücke zwischen beiden Arten der Lebensverhältnisse. Alle anderen Lebensverhältnisse, z. B. Erwerbstände, politische Stände, Gemeinde, Vormundschaft[1]) u. s. w., erwachsen aus dem Volksleben und dessen jeweiliger Beschaffenheit.

Da die Natur des Menschen unveränderlich ist, so sind es auch die aus derselben fließenden Bedürfnisse und Lebensverhältnisse. Alle Menschen aller Orte und aller Zeiten haben dieselbe Natur und müssen darum auch dieselbe Familie, dieselbe Kirche und eine Staatsgemeinschaft haben.

Selbst die dem Volksleben entspringenden Lebensverhältnisse besitzen eine gewisse Kontinuität, denn sie resultieren aus dem ganzen Volkszustande, der sich — wie wir schon oben ausgeführt — nur allmählich verändert. Aber eben deshalb sind sie nicht unveränderlich. Wie sich die Bedürfnisse eines Volkes ändern, so müssen sich auch die Lebensverhältnisse ändern, welche deren Befriedigung sind, denn mit seinem Bedürfnisse steht, entwickelt sich und fällt auch das Lebensverhältnis. Das Lehnwesen z. B., welches „in einer, freier Männer würdigen Form den Herrn eines ihm in Treue und Hingebung zu ehrenvollen Kriegs- und anderen Diensten verbundenen Vasallen, den Vasallen eines ihm zum Schutze bereiten Herrn und durch das Lehngut einer selbständigen Versorgung und Lebensstellung versicherte",[2]) war ein echtes und rechtes Lebensverhältnis. Durch ein volles Jahrtausend hindurch war es die Grundlage unserer Heeresverfassung, ja, des mittelalterlichen Staates überhaupt. Jetzt

---

[1]) Die Kirche hat ein Lebensverhältnis geschaffen, welches der Vormundschaft ganz analog ist: das Patentum. Dieses können wir als die geistliche Vormundschaft bezeichnen.

[2]) Walter a. a. O., S. 69.

ist es verschwunden: auch die Lebensverhältnisse können sich überleben. Natürlich können und müssen auch neue entstehen, denn „es eröffnen sich mit jeder neuen Entwicklungsstufe neue Bedürfnisse, sowie der Astronom mit jeder neuen Verschärfung seiner Instrumente immer wieder neue Welten entdeckt und ein Punkt der absoluten Befriedigung der menschlichen Bedürfnisse kann so wenig bestimmt werden, als eine Grenze für die menschliche Entwicklungsfähigkeit überhaupt".[1])

Die Lebensverhältnisse beider Art müssen durch Moral und Recht als verbindlich erklärt werden, d. h. das einem Lebensverhältnis zu Grunde liegende Bedürfnis darf auf keine andere als gerade auf die durch das Lebensverhältnis bestimmte Weise befriedigt werden. Will z. B. Jemand einen Familienstand gründen, so darf er nicht etwa mehrere Frauen nehmen, oder seine Ehe nach Dauer und Inhalt beschränken, sondern muß in eine monogamische, unauflösliche und ungeteilte Lebensgemeinschaft treten, ohne Rücksicht darauf, ob ihm dies gefällt oder nicht.

Aber warum?

Die Moral enthält die unbedingten Forderungen der menschlichen Natur an das Wirken des Menschen. Sind nun gewisse Lebensverhältnisse ein notwendiger Ausfluß der menschlichen Natur, so folgt, daß jedermann moralisch verpflichtet sein muß, diesen Lebensverhältnissen entsprechend zu handeln. Durch ihren eigenen Begriff ist die Moral gezwungen, die Familie, die Kirche, den Staat in sich aufzu-

---

[1]) Bischof a. a. O., S. 95. Das allerjüngste unserer Lebensverhältnisse ist das erst in unseren Tagen bei uns eingeführte Verhältnis des Anerben zu den auf dem Gute verbleibenden Miterben. Es ist eine durchaus glückliche Schöpfung und dient dem Bedürfnisse, den Bauernstand wirtschaftlich lebensfähig zu erhalten. Es ist der gesetzliche Ausdruck einer Sitte, welche schon längst der gesunde Sinn unseres Volkes geschaffen hat, des sogenannten kindlichen Kaufes. — Das Bedürfnis des Handwerkes fordert jetzt die Innung.

nehmen und die Forderungen derselben für moralische Pflichten zu erklären.

Ebenso müssen jene Lebensverhältnisse, welche auf der jeweiligen Beschaffenheit des Volkes beruhen, für uns verbindlich werden. Denn ist der Mensch der irdische Zweck, so hat sich nicht nur jeder einzelne, sondern auch die ganze Volksgemeinschaft zu erhalten und zu entwickeln. Wie jeder einzelne, so muß darum auch die Volksgemeinschaft ihre Bedürfnisse zu befriedigen streben. Wie es nun bei dem Einzelmenschen vernunftgemäß ist, daß er zur Befriedigung eines seiner Bedürfnisse, z. B. eine Sache erwirbt, so ist es bei der Volksgemeinschaft vernünftig, wenn sie zur Befriedigung eines ihrer Bedürfnisse sich ein Lebensverhältnis schafft. Wie infolgedessen das Recht um der Einzelentwicklung willen das Eigentum schützen muß, so muß es der Volksentwicklung wegen das Lebensverhältnis schützen.[1] Außerdem liegt im Lebensverhältnisse der vernünftige Wille des Volkes, wie im Eigentume der vernünftige Wille des Einzelmenschen liegt. Der Wille beider muß Anerkennung finden und zur Geltung kommen, denn in beiden ist die Menschenwürde verkörpert. So ist das Recht durch sein eigenes Wesen gezwungen, alle Lebensverhältnisse des Volkes in seine Ordnung aufzunehmen und sie zu schützen, d. h. zu Rechtsverhältnissen und Rechtsinstituten zu machen. Für den Richter, welcher Recht zu sprechen hat und darum nur Rechtsverhältnisse kennt, haben die Lebensverhältnisse als solche gar keine, für den Gesetzgeber dagegen die allerhöchste Bedeutung.

Da nun jedes Volk der Erde aus Menschen besteht und infolgedessen bei jedem Volke alles das gelten muß, was

---

[1] Wie sich in den erworbenen Rechten eines Menschen dessen ganze Thätigkeit abspiegelt, so stellt sich in den Lebensverhältnissen eines Volkes die ganze Geschichte des Volkslebens dar.

aus der Natur des Menschen folgt, so muß jedes Recht jene drei Lebensverhältnisse, welche schon mit der Natur des Menschen gegeben sind, in ihrer natürlichen Gestalt in seine eigene Ordnung aufnehmen. Kein Volk der Erde darf die Ehe zur Polygamie verändern, die Kirche zerstören oder den Staat abschaffen wollen. Solche Gesetze wären nicht wahres Recht, denn sie entsprächen nicht den Forderungen der menschlichen Natur an das menschliche Gemeinleben. Dennoch können sich bei manchem Volke Verhältnisse gebildet haben, welche der Natur des Menschen widersprechen und damit unsittlich sind. So z. B. Konkubinat, Polygamie, Sklaverei. Sie aufzuheben ist die erste Pflicht eines wahren Gesetzgebers, denn dieser muß vor allem anderen darauf halten, daß seine Unterthanen wie Menschen leben.[1]) Andererseits müssen uns auch die zu Rechtsverhältnissen erhobenen Volksverhältnisse moralisch verbinden, denn sie beruhen auf dem vernünftigen Volkswillen und zur Anerkennung desselben verpflichtet uns auch die Moral.

Unter allen Rechtsphilosophen und Moralisten hat — unseres Wissens — nur ein einziger die Bedeutung der Lebensverhältnisse für Moral und Recht erkannt. Stahl a. a. O., S. 282 ff., nennt sie sogar „ein Princip sowohl für die Ethik, als auch für das Recht" und bezeichnet sie als „den Punkt, auf welchem die wahre Rechtsphilosophie steht, gegenüber der falschen".[2]) Den Grund ihrer Verbind-

---

[1]) Die am 13. November 1884 in Berlin eröffnete westafrikanische Konferenz hat nach dem Antrage Deutschlands allen beteiligten Mächten die moralische Verpflichtung auferlegt, „an der Unterdrückung der Sklaverei und besonders des Sklavenhandels mitzuwirken, die Arbeiten der Missionen und alle jene Einrichtungen zu fördern, welche dazu dienen, die Eingeborenen heranzubilden und ihnen die Vorteile der Kultur begreiflich und schätzenswert zu machen." Dies ist ein wirklicher Kulturkampf.

[2]) Diesen Punkt sehen wir in der Anerkennung des Naturrechtes.

lichkeit sah er in einer „ihnen innnewohnenden, göttlichen Bestimmung". Da er nämlich das Naturrecht leugnete, so fehlte ihm alle Deontologie des Rechtes und da er die Notwendigkeit einer solchen der sonst schrankenlosen Willkür gegenüber fühlte, so mußte er sie anderswo suchen und glaubte sie schließlich in den Lebensverhältnissen gefunden zu haben, unter deren Flagge sich dann die bedeutendsten Partien des Naturrechts in sein System eingeschmuggelt haben. Dabei hätte er sich doch sagen müssen, daß man eine „innewohnende göttliche Bestimmung" unmöglich bei der Sklaverei, der Leibeigenschaft, Polygynie und dem altrömischen Konkubinat anerkennen kann. Auch beruhen die besonderen Lebensverhältnisse eines Volkes unzweifelhaft auf dessen freier Selbstbestimmung. Wir selbst erklären alle Lebensverhältnisse für eine der notwendigen Äußerungen jenes Gesetzes, auf welchem der ganze Inhalt von Moral und Recht beruht, des Gesetzes nämlich, daß Mensch und Volk sich erhalten und entwickeln aber dabei ihrer eigenen Beschaffenheit entsprechend handeln müssen. In ganz derselben Weise wie Eigentum und Vertrag sind die Lebensverhältnisse ein notwendiger Teil, nicht aber ein Princip von Moral und Recht. Dies ist ihre Bedeutung, dies ihre Stellung in dem durchaus einheitlichen Bau des Ethos.

' Wir haben die Stahlsche Lehre so umgeformt, daß unsere Lebensverhältnisse mit den seinigen nichts mehr gemein haben als den Namen. Dennoch wollen wir dankbar anerkennen, daß es das Verdienst von Stahl ist, diese Idee in die Debatte geworfen zu haben.

§. 7.
Verhältnis von Moral und Recht zu der Ehe.

Wie überall in Moral und Recht, so müssen wir auch bei der Konstruktion der Ehe davon ausgehen, daß der Mensch sich erhalten und allseitig entwickeln aber dabei seiner Natur entsprechend handeln muß.

Die Erhaltung des Menschengeschlechtes verlangt einen fortwährenden Zuwachs. Neues Leben sprießt nur aus einer Vereinigung von Mann und Weib.

Doch noch lange nach seiner Geburt ist der Mensch vollkommen hilflos; seine Entwicklung geht so langsam vor sich, daß er erst nach manchem Lustrum zur Selbständigkeit fähig wird. Bis dahin muß das Kind von seinen Eltern erhalten und entwickelt werden.[1]) Wie notwendig hierzu die Fürsorge beider Eltern ist, beweist unser tiefes Mitleid mit jedem Kinde, welches seinen Vater oder die Mutter verliert. Sind aber beide Eltern für die Erziehung notwendig, so muß auch ihre Vereinigung allerwenigstens so lange Bestand haben, bis die Erziehung des jüngsten Kindes vollendet ist.[2])

---

[1]) Das Recht des Kindes auf Ernährung und Erziehung ist eine unbedingte Forderung der in ihm verkörperten Menschenwürde.

[2]) Dies wurde schon von Locke und Hume ausgesprochen. Bischof, H., Grundzüge eines Systems der Nationalökonomik, Graz 1874, S. 99: „Recht sinnig erinnert Roscher daran, wie selbst das scheinbar keinen Vorzug des Menschen vor dem Tiere begründende Bedürfnis einer viel länger dauernden Kindheit sehr dazu beigetragen habe, eine der sittlichsten und sittigendsten Institutionen, die Ehe, notwendig und allgemein zu machen." Wir verkennen übrigens nicht, daß dieses Moment für eine kinderlose Ehe keine Bedeutung hat. Aber eine außerehelische und darum vorübergehende Vereinigung muß schon aus Rücksicht auf das, dann seine notwendige Erziehung nicht findende Kind für unstatthaft erklärt

Was für die Ehe so aus der Natur des Kindes resultiert, folgt in noch weit höherem Grade aus der Natur der Ehegatten selbst.

Auch diese sind Zweck; das ist ja jeder Mensch. Deshalb können sie nicht zu einem bloßen Mittel für die Gesamtheit und den Bestand derselben werden. Die Ehe muß vielmehr den Ehegatten selbst dienen.[1])

Natürlich nicht bloß zur Befriedigung des animalischen Trieblebens, denn der Mensch ist mehr als ein Sinnenwesen. Darum muß sich auch seine Verbindung über das natürliche Zusammenleben der nichtvernünftigen Geschöpfe erheben.

Nun haben beide Ehegatten dieselben Lebensaufgaben. Jeder von ihnen hat nach der möglichsten Vollkommenheit in seinem inneren und der notwendigen Wohlfahrt in seinem äußeren Leben zu streben. Dies ist ja die Sache jedes Menschen. Dabei leben sie thatsächlich unter denselben Verhältnissen und demselben Schicksale und haben infolgedessen auch dieselben Lebensbedürfnisse. Zugleich ist ihnen die Sorge für ihre Kinder gemeinsam.

Es besteht aber zwischen Mann und Weib eine natürliche Verschiedenheit, infolgederen sich beide auf bewunderungswürdige Weise ergänzen.[2]) Aristoteles sagt: „Das

---

werden. S. Anastas. Patriarc. lib. Viae ducis cap. 2.: „Secundum naturam est matrimonium; contra naturam fornicatio."

[1]) Leo XIII. in der Encyklika Arcanum divinae sapientiae vom 10. Februar 1880: „Et sane, praeter quam quod propagationi generis humani prospiciunt, illuc quoque (matrimonia) pertinent, ut meliorem vitam conjugum beatioremque efficiant."

[2]) Hierüber hochpoetisch eine uralte indische Sage. Es schuf der gute Gott den Menschen zuerst nicht als Mann und Weib, sondern als einen Menschen mit allen Vorzügen des Mannes und des Weibes. Damit aber wurde der Mensch so vollkommen, daß er über sich selbst auf den unendlich Vollkommenen vergaß. Seitdem teilt nun der gute Gott jeden Menschen in einen Mann und ein Weib. Diese beiden Hälften des ursprünglichen Menschen haben nun in dem Gefühle ihrer

Wesen beider ist dadurch geschieden, daß ihre Kraft nicht zu denselben Dingen nütze ist, sondern zum Teile für das Entgegengesetzte, jedoch inwiefern es zu demselben Zwecke hinstrebt. Denn der Mann ist stärker, das Weib schwächer gebildet, damit diese durch Furcht behutsamer, jener durch Mut wehrhafter, der eine das äußere erwerbe, die andere die Dinge im Hause erhalte, die eine zu den häuslichen Geschäften emsig, aber zu dem Leben draußen zu schwach, der andere zur Ruhe wenig geeignet, aber zur Bewegung gesund sei. Die Mutter pflegt, der Vater erzieht die Kinder.[1]) So sind die Eheleute einander genug und jeder setzt das Eigene zum Gemeinsamen. Ihre Vereinigung geschieht nicht bloß, damit sie leben können, sondern damit sie durcheinander vollkommen leben." Diese natürliche Verschiedenheit von Mann und Weib fordert eine Teilung ihrer Arbeit.

Wenn nun die Lebensaufgaben und Lebensbedürfnisse beider Ehegatten dieselben sind und zur Lösung und Befriedigung derselben eine Teilung der Arbeit notwendig ist, so muß ihr ganzes Nebeneinanderwirken zu einem planmäßig geteilten Füreinanderwirken werden und ihr Zusammenleben eine volle Lebensgemeinschaft, ein »consortium omnis vitae« sein.[2])

Ist aber die Ehe eine Lebensgemeinschaft, welche nicht bloß die Erziehung der Kinder ermöglichen soll, vielmehr in erster Linie den Ehegatten selbst zur Erfüllung ihrer Lebensaufgaben dient,[3]) so kann sie nicht mit dem Abschlusse des

---

Halbheit fortwährend Sehnsucht nacheinander, suchen sich auf und sobald sie sich gefunden, streben sie danach, sich ganz und für immer zu vereinigen, um dann den vollkommenen Menschen miteinander wieder zu bilden.

[1]) Dies ist antik und antiquiert.
[2]) Auch ein psychologisches Moment ist hier von Bedeutung. Bei gegenseitiger Liebe lebt man mit- und füreinander.
[3]) Für die Gesamtheit ist der erste Zweck der Ehe die Erziehung

Erziehungswerkes, sondern nur mit dem Leben des einen Ehegatten enden, d. h. die Ehe muß unauflöslich sein.[1]) Und fordert sie die volle Hingabe aneinander, so ist sie auch nur monogamisch denkbar. Denn da man etwas nicht an mehrere so hingeben kann, daß jeder das Ganze erhält, so kann man auch sich selbst in seiner Totalität nur an einen geben.[2])

In dieser ungeteilten Lebensgemeinschaft haben sich also die Ehegatten gemeinsam zuvörderst nach innen und zwar bis zur möglichsten Vollkommenheit zu entwickeln. Die Vollkommenheit aber besteht in der Ähnlichkeit mit dem unendlich vollkommenen Gott. Darum muß die Ehe die »communicatio divini« sein. Aber sie ist noch mehr als eine bloße Gemeinschaft des sittlich-religiösen Lebens. Denn da die Ehegatten gerade durch die Gemeinsamkeit ihres Strebens in diesem Streben gefördert werden, so ist die Ehe auch ein Mittel, den Menschen der sittlichen Vollkommenheit, d. i. Gott selbst näher zu bringen oder mit einem Worte: ein — Heilsmittel.[3])

---

von Kindern, die vollkommnere Lösung der Lebensaufgaben nur der zweite, denn von jener ist die Erhaltung, von dieser nur die bessere Entwicklung der Menschheit abhängig. Für den Einzelmenschen dagegen tritt die gemeinsame Lösung der Lebensaufgaben so sehr in den Vordergrund, daß die Kinder nur noch als eine natürliche Folge der Ehe erscheinen. Denn man heiratet wohl nicht, um den Bestand des Menschengeschlechtes zu sichern, sondern um mit einer bestimmten Person vereinigt zu sein und in dieser Vereinigung inneres Glück und äußere Wohlfahrt zu finden. Dennoch nennt auch jeder einzelne eine Ehe ohne Kinder einen Tag ohne Sonne.

[1]) Über die Nachteile der Ehescheidung Leo XIII. a. a. O.

[2]) Polygamie und ungeteilte Lebensgemeinschaft schließen so sehr einander aus, daß überall, wo Vielweiberei herrscht, das Weib nicht die Lebensgefährtin des Mannes ist, sondern zu einem Harems- oder Sklavenleben verurteilt wird.

[3]) Dagegen Stahl a. a. O., Bd. 2, §. 68: „Wenn sich auch that-

Dann haben die Ehegatten auch nach äußerer Wohlfahrt gemeinsam zu streben. Die Befugnis zur Selbsterhaltung und Selbstentwicklung in der Außenwelt ist aber das Recht. Darum muß die Ehe auch eine Rechtsgemeinschaft, die »communicatio juris« sein.¹)

So erfaßt die Ehe die Menschen nach innen und außen. und verbindet sie zur vollkommenen Einheit. Ein noch innigeres Band ist unter Menschen einfach undenkbar. In dieser vollen Einigung der Gatten liegt das Wesen der Ehe.²)

Unsere Ehe ist die unter Menschen einzig mög-

sächlich kein religiöses Gemüt mit einer bloßen Civilehe beruhigt oder befriedigt, so ist um deswillen die Ehe noch keineswegs ein Sakrament. Denn sie ist nicht ein Mittel, die Gatten Gott näher zu verbinden, ihre Religiosität zu steigern, also nicht Mittel für die Religion." Stahl sagt dann weiter: „Wäre die Ehe wirklich ein Gnadenmittel gleich Taufe und Abendmahl, so ist es ganz entsprechend, daß nur die Kirche und in keiner Weise der Staat über die Erfordernisse und das Vorhandensein derselben urteilen und festsetzen kann." Leo XIII. in der Encyklika Arcanum divinae sapientiae vom 10. Februar 1880: „Inest in matrimonio sacrum et religiosum quiddam, non adventitium sed ingenitum, non ab hominibus acceptum sed natura insitum" (und zwar nach der Encyklika Humanum genus: „omnium fere et gentium et aetatum consensu"). „Igitur cum matrimonium sit sua vi, sua natura, sua sponte sacrum, consentaneum est, ut regatur ac temperetur non principum imperio, sed divina auctoritate Ecclesiae, quae rerum sacrarum sola habet magisterium."

¹) Wie sich bei keiner Sache das Äußere von dem Innern losreißen läßt, so läßt sich auch bei der Ehe das äußere Juristische von dem inneren Religiösen nicht trennen. Leo XIII. a. a. O.: „Non potest hujusmodi distinctio, seu verius distractio, probari."

²) Kurz aber erschöpfend giebt die heilige Schrift das Verhältnis von Mann und Weib, indem sie beide für einen Leib erklärt. Demgemäß stellt auch das kirchliche Recht den Grundsatz auf, daß jeder Ehegatte gegen den anderen, sowie gegen sich selbst zu handeln habe. Wenn es nun die Aufgabe des Menschen ist, sich allseitig oder nach innen und außen zu entwickeln (Matth. 5, 48 — 1. Mos. 1, 28) und beide Ehegatten gleichsam nur einen Menschen bilden, so muß auch die Ehe die

liche Ehe, denn sie ist der korrekte Ausdruck der menschlichen Natur.[1]) Sie ist die reine Harmonie unseres vernünftigen und sinnlichen Wesens.[2]) Nur eine einzige Definition der Ehe ist denkbar: die klassische des römischen und kirchlichen Rechts.[3])

Da die Ehe mit der Natur des Menschen gegeben ist, so müssen über die Bedingungen ihres Entstehens, ihren Inhalt und ihr Ende bei allen Menschen der Erde, die ja alle ganz dieselbe Natur besitzen, auch ganz dieselben Vorschriften gelten. Die Ehe steht als notwendiger Ausfluß der menschlichen Natur nicht nur über aller Willkür der Kontrahenten, sondern auch über aller Willkür der Völker.[4]) Nun ist — vgl. §. 10 — die Kirche der

innere und äußere Entwicklung der Gatten zum Inhalt haben oder eine ungeteilte Lebensgemeinschaft sein. Die biblische Auffassung der Ehe fällt mit der philosophischen durchaus zusammen.

[1]) Damit zeigt sich auch die christliche Ehe als eine Forderung des „agere sequitur esse" an den Menschen.

[2]) Die Forderung der „freien Liebe" ist die größte Lieblosigkeit gegen den Menschen, denn sie verlangt von ihm etwas seiner Natur durchaus Widersprechendes.

[3]) Man hat das römische Recht so hoch gepriesen. Mit allem Fug. Denn als die „raison écrite" als der „Codex der Natur der Sache" ist es immerdar die „Grammatik des Rechtes". Doch das Rechtsgenie des heidnischen Rom hat sich vererbt auf das christliche Rom. So ist das kirchliche Eherecht geradezu das Hohelied unter den Rechten der Erde. Nur ein einziger Unterschied herrscht zwischen dem römischen und kirchlichen Rechte: jenes trägt den Charakter der antiken, dieses den Charakter der christlichen Tugend. — Die Apologie des Christentumes ist bald von unserem Dogma (zuletzt Hettinger), bald von unserer Moral (zuletzt Weiß) ausgegangen. Zu einer Apologie des Christentumes durch das Recht sei dieses Buch der erste Beitrag.

[4]) Ob alle Staaten selbst der kaukasischen Rasse in ihrer Ehegesetzgebung der Natur und Würde des Menschen mit derselben Reinheit wie die Kirche Ausdruck geben, ist hier glücklicherweise nicht zu untersuchen. Doch in Jowa z. B. soll nach der Pariser „France" die Ehescheidung

Ausdruck unseres inneren Menschentums, der Staat der Ausdruck unseres äußeren Volkstums. Darum muß die Ehe zur Kompetenz der Kirche gehören. Dies fordert nicht nur das Konzil von Trient, sondern auch die Logik. Unterwirft man dieses rein menschliche Verhältnis dem bürgerlichen Standpunkt, so wird der Mensch durch den Bürger unterdrückt.[1])

In einer Beziehung jedoch untersteht die Ehe dem Volksrecht, insofern sie nämlich als die Volksgemeinschaft der Ehegatten die Quelle von Rechten und Rechtspflichten ist. Während sie als ein schon aus unserer Natur hervorgehendes Lebensverhältnis für jedes Recht der Erde etwas Gegebenes und

---

so leicht und rasch zu erreichen sein und darum auch so häufig nachgesucht werden, „daß man dort bei dem Anhalten des Schnellzuges anstatt „au buffet" rufen möchte „au divorce"!" Bei dieser Gelegenheit will ich auf einen interessanten Fehler unseres allgemeinen Landrechtes aufmerksam machen. Wenn der Tod des einen Ehegatten gesetzmäßig aber irrtümlich bescheinigt ist und der andere Ehegatte eine zweite Ehe eingeht, so bleibt die erste Ehe ohne weiteres bestehen, die spätere Ehe aber ist trotz §. 936, Th. 2, Tit. 1 nach §§. 942 und 944 „keineswegs nichtig, sondern nur ungiltig". Da nun nach §. 973 die ungiltige Ehe nicht von Amts wegen, sondern nur durch Anfechtung seitens einer Partei aufgehoben werden kann, so sind, wenn eine Anfechtung der zweiten Ehe von keinem der Beteiligten erfolgt, nach preußischem Landrechte beide Ehen zugleich rechtsbeständig. Die berühmte Sage von dem Grafen von Gleichen, die nur infolge einer Verwechselung der bigamia simultanea und der bigamia successiva entstanden ist (vgl. meine Inauguraldissertation de bigamia irregularitatis fonte et causa, Vratislaviae 1868, S. 9), kann also bei uns zur vollen Wirklichkeit werden.

[1]) Leo XIII. a. a. O.: „Ecclesia tanta vi, tanta providentia legum divinum istud institutum communiit, ut nemo sit rerum aequus existimator, quin intelligat, hoc etiam ex capite quod ad conjugia refertur, optimam esse humani generis custodem ac vindicem Ecclesiam; cujus sapientia et fugam temporum et injurias hominum et rerum publicarum vicissitudines innumerabiles victrix evasit."

Unveränderliches ist,[1]) gehört sie als Rechtsverhältnis mit der Gesamtheit ihrer Rechtswirkungen unbestreitbar vor das jeweilige Volkstribunal.[2])

---

§. 8.
Das Verhältnis von Moral und Recht zu dem Eigentume.

In der neuesten Zeit hat man selbst das Eigentum in die Debatte gezogen. Allerdings gab es schon früher „Staatsromane" (Mohl),[3]) doch man geht erst jetzt über rein theoretische Erörterungen hinaus.

Den Versuch, das Eigentum überhaupt zu bestreiten, kann man wohl heut als aufgegeben betrachten. Denn gesetzt, es wäre wirklich alles gemeinsam, so müßte doch die höchste wirtschaftliche Gemeinschaft — sei nun diese die Provinz oder das Volk — den Genuß der in ihrem Bereiche liegenden Güter für sich selbst beanspruchen und jede andere Gemeinschaft davon ausschließen. Aber dieser ausschließliche Gebrauch und Genuß ist gerade das Eigentum. Dieses läßt sich nun einmal nicht zur Welt hinausräsonnieren.

[1]) Vgl. §. 6.
[2]) Leo XIII. in der Encyklika Arcanum Divinae sapientiae consilium vom 10. Februar 1880: „Item non ipsa (Ecclesia) ignorat neque diffitetur, sacramentum matrimonii, cum ad conservationem quoque et incrementum societatis humanae dirigatur, cognationem et necessitudinem habere cum rebus ipsis humanis, quae matrimonium quidem consequuntur, sed in genere civili versantur: de quibus rebus jure decernunt et cognoscunt qui rei publicae praesunt."
[3]) Sogar einen klassischen, von -- Plato!

Doch man streitet noch über das Subjekt des Eigentums. Die einen wollen, daß alles der Gemeinschaft gehöre, und leugnen die Berechtigung des Privateigentums. Der Liberalismus meint dagegen, daß alles den Societäten zustehende oder sogenannte Kollektiveigentum in Sondereigentum umgewandelt werden müsse, weil nur dieses genügend „fruktifiziert" werden könne. Da man aber von dieser Seite — unseres Wissens — noch niemals das Kollektiveigentum selbst negiert hat, so ist dies eine rein wirtschaftliche Frage, die ebendeshalb für uns entfällt.

So stellt sich als unsere Aufgabe: die Berechtigung und der Gebrauch des Privateigentums nach Moral und Recht.

Das Eigentum ist die dingliche Souveränität, die ausschließliche Macht, die plenitudo potestatis über ein Vermögensobjekt, oder seinem juristischen Begriffe nach das »jus usus atque abusus rei cujusdam«.[1])

Auf die nun aufgeworfene Frage: wie kommt es, daß ein einzelner Mensch trotz derselben Bedürftigkeit der anderen Menschen Vermögensobjekte als eigen, d. h. zu seinem eigenen Bedarf für sich allein haben, ge- und verbrauchen kann und durch Moral und Recht darin geschützt werden muß, haben wir nur die eine Antwort: **Das Privateigentum ist berechtigt und seine Berechtigung liegt in seiner Vernunftnotwendigkeit.**

Durch Vernunft und Lebenstrieb, durch seine vernünftige und sinnliche Natur zugleich wird der Mensch dazu bestimmt, sich zu erhalten und zu entwickeln. Damit muß er auch für die Befriedigung seiner Bedürfnisse Sorge tragen.[2]) Nun

---
[1]) Warnkönig, L. A, Inst. jur. Rom. priv. Bonnae 1860. pag. 84.
[2]) Bischof a. a. O., S. 85: „Im Bedürfnisse äußert sich der Trieb der Selbsterhaltung und zwar nicht nur als Verwahrung vor dem Unter-

sind schon für die ersten und dringendsten, für die materiellen Bedürfnisse, für Nahrung, Kleidung, Wohnung u. s. w. Vermögensobjekte absolut notwendig. Deshalb muß sich der Mensch solche zu verschaffen suchen.

Jene Bedürfnisse sind immerwiederkehrend und stetig. Alle Tage muß man essen, sich kleiden, wohnen u. s. w.; unser ganzes Leben ist eine ununterbrochene Kette von Bedürfnissen. Damit ist auch der Bedarf von Vermögensobjekten ein stetiger und wirklich bietet sich von der Wiege bis zum Grabe kein Augenblick, in welchem wir der Vermögensobjekte ganz entbehren könnten. Deshalb muß jeder Mensch danach streben, daß ihm Vermögensobjekte auch stetig zu Gebote stehen. Er kann sich nicht damit begnügen, nur für den Augenblick sorgen zu wollen: er muß auch an die Zukunft denken. Denn sein Streben nach dem gerade Notwendigen könnte einmal erfolglos sein und dann wäre er sofort dem Mangel und der Not preisgegeben;[1]) außerdem würde er, da er dann fortwährend für das Materielle sorgen müßte, niemals dazu kommen, seinen idealen Bedürfnissen Rechnung zu tragen. Er würde nicht über die materielle Welt herrschen, sondern würde selbst durch sie beherrscht. Im fortwährenden Kampfe um das tägliche Brot würde er niemals zu einer freien Gestaltung seines Lebens gelangen; niemals würde er jene allseitige und höchste Vollkommenheit erreichen können, zu welcher er seiner Idee nach bestimmt ist. Sein Verhältnis zu den Vermögensobjekten muß durchaus

---

gange, sondern auch als das Streben nach der Lösung aller jener Lebensaufgaben, welche über die bloße Sicherung der Subsistenz hinausliegen."

[1]) Selbst Tiere, wie z. B. die Biene, sorgen während des Sommers für die Zeit des Mangels. Das Schobertier (Lagomys alpinus) hat den merkwürdigen Trieb, sich während des Sommers als Vorrat für den Winter eine Menge Gräser und Kräuter einzusammeln, auf den Felsen zu trocknen und vor seiner Wohnung in ein bis zwei Meter hohen Haufen aufzuschichten.

ein dauerndes sein und kann nicht von dem gerade obwaltenden Bedarf abhängig gemacht werden. Jene materiellen Bedürfnisse sind nicht Kollektiv-, sondern Individualbedürfnisse. Nicht die Gemeinschaft hungert und friert, sondern der einzelne Mensch. Sind aber die Bedürfnisse, zu deren Befriedigung die Vermögensobjekte dienen, Bedürfnisse des Individuums, so müssen auch die Vermögensobjekte selbst die Sache des Individuums sein.[1]) Außerdem richten sich die Bedürfnisse in ihrer Art und Größe nach der Individualität des Menschen. Sollen sie nun durch die Vermögensobjekte voll gedeckt werden, so müssen auch diese von der Individualität des Menschen abhängig sein. So eng und fest müssen sie an die Person des Menschen gekettet sein, daß sie derselbe ebenso wie die Glieder seines Leibes gebrauchen kann, wann und wie und wozu er will. Wie unsere Hand, so muß auch unsere Sache unserem Willen ganz und ausschließlich, also bis zur Souveränität, unterliegen.

So ist das Privateigentum das echte Kind des Bedürfnisses.

Darum muß es auch von Moral und Recht anerkannt und geschützt werden.[2]) Beide gehen davon aus, daß jeder Träger

---

[1]) Man arbeitet außerdem nicht der Arbeit selbst, sondern ihres Ertrages wegen. Wenn nun der Arbeitsertrag nicht dem Arbeitenden, sondern der Gemeinschaft zufiele, so würde der Durchschnittsmensch nur noch möglichst wenig arbeiten wollen und auch dazu noch von der Gemeinschaft gewaltsam angehalten werden müssen. Die Aufhebung des Privateigentumes würde mit Einem Schlage die Welt zu einer Zwangsanstalt machen.

[2]) Fichte, J. H. (Sohn): „Das Eigentum ist der durch das Recht anerkannte und damit durch die öffentliche Rechtsmacht geschützte Besitz." Trendelenburg a. a. O.: „Erst die Anerkennung des Ganzen, also das Gesetz, giebt dem Willen in der Sache Bestand und verbürgt ihm über sie die allgemeine Verfügung."

der Menschenwürde Zweck ist und sich deshalb erhalten und entwickeln soll. Infolgedessen müssen uns beide dazu verpflichten, den hierauf gerichteten Willen jedes Menschen anzuerkennen. Hat nun irgend jemand seinen Willen durch seine That an eine freie Sache geheftet, um dieselbe zu seiner Erhaltung und Entwicklung für sich allein oder als eigen zu haben, so dürfen wir nicht seinen Willen durch den unsrigen von der Sache verdrängen, d. h. sein Eigentum zu dem unsrigen machen wollen. Denn hiermit würden wir unseren Willen über den seinigen setzen, ihm die Parität mit uns, das Zwecksein und damit die Menschenwürde bestreiten. Die Menschenwürde jedes Eigentümers fordert von allen die Achtung seines Eigentumes. Aus der gleichen Menschenwürde aller folgern zu wollen, daß das Eigentum unter alle auf gleiche Weise verteilt sein solle, ist falsch. Dies ist vielmehr der richtige Schluß, daß das Eigentum aller auf gleiche Weise anerkannt und geschützt werden muß, da das Eigentum eines jeden auf dem vernünftigen Willen und der vernünftigen Thätigkeit eines Trägers der Menschenwürde beruht. Die „Teilung der Erde" entstand nicht durch Vertrag, nicht durch „Usurpation": sie ist eine notwendige Folge der Maxime der Koexistenz, die wieder mit der Existenz vernünftiger Wesen gegeben ist.[1])

Wenn auch das Eigentum in Moral und Recht auf gleiche Weise anerkannt und geschützt wird, so muß es doch im Recht einen ganz anderen Charakter tragen, als in der Moral.

Das Ursprüngliche und Erste im Recht ist die Befugnis. Darum sieht dieses auch im Eigentum nichts, als eine unbeschränkte Befugnis. Die Moral dagegen ist die Pflichtenlehre; darum sieht sie auch bei dem Eigentum eine Ver-

---

¹) Vgl. S. 3.

pflichtung, es in vernünftiger Weise zu gebrauchen. Dort ist das Eigentum eine Macht, hier ist es ein Beruf. Das Recht muß sich darauf beschränken, die Macht des Eigentümers aufrecht zu erhalten und sie vor jeder willkürlichen Beschränkung, vor jeder Verletzung zu schützen. Auf welche Weise aber der Eigentümer diese seine Macht gebraucht oder was er mit seinem Eigentum vornimmt, geht das Recht nichts an; hier wird man durch das Eigentum nur berechtigt, nicht aber verpflichtet. Die Moral dagegen, welche uns durch ihren ganzen Inhalt dazu bestimmt, den Menschen zuerst in uns selbst, dann aber auch in jedem anderen zu entwickeln, muß uns hierzu auch bei dem Gebrauche unseres Eigentums verpflichten. Dazu also sollen wir unser Eigentum verwenden, daß wir zuerst uns und die Unsrigen erhalten und bis zur allseitigen Vollkommenheit entwickeln, dann aber jedem Notleidenden helfen, welcher sich selbst zu erhalten und zu entwickeln nicht imstande ist.

Diese für die Moral einzig mögliche Auffassung des Eigentums ist im Christentume auf eine wahrhaft bewunderungswürdige Weise durchgeführt. Wir können uns nicht versagen, das Nähere hier wiederzugeben.

Durch Arbeit sollen wir das Notwendige erwerben. 2. Thess. 3, 12: „Wir ermahnen sie im Herrn Jesu Christo, daß sie mit Ruhe arbeitend ihr eigenes Brot essen ... Wer nicht arbeiten will, der esse auch nicht," Jeder unsittliche Erwerb ist verboten, z. B. Apostelgesch. 18, 3.

Man soll nicht zu sehr nach Reichtum trachten.[1]) Spr. 23, 4: „Mühe dich nicht ab, um reich zu werden, sondern mäßige deine Klugheit." Spr. 30, 8: „Armut und Reichtum gieb mir nicht: gieb mir nur, was ich brauche, mich zu nähren." 1. Tim. 6, 6: „Es ist aber ein großer Gewinn die Fröm=

---

[1]) Gloss. ord. über Matth. cap. VI. zu Non potestis servire: „Divitiis servire Deum negare est."

migkeit mit Genügsamkeit... Haben wir Nahrung und Bedeckung, werden wir mit diesem begnügt sein.... Die reich werden wollen, fallen in Versuchung und viele unnütze und schädliche Begierden, welche die Menschen in Untergang und Verderben stürzen. Denn die Wurzel aller Übel ist die Habsucht." Alle Reichtümer können nur „Mittel" zur Erreichung unserer Idee, niemals aber Zweck sein (Matth. 6, 33).[1] Ist auch das Arbeiten unsere Sache, so hängt doch der Erfolg unserer Arbeit von dem Segen Gottes ab. So haben wir unser Eigentum von Gott. Pred. 5, 18: „Und jeder Mensch, dem Gott Reichtum, Habe und Macht gegeben, daß er davon esse und seinen Teil genieße und sich freue von seiner Arbeit, hat es als Gabe Gottes."

Da wir unser Eigentum von Gott haben, so sollen wir uns nur als die Verwalter desselben betrachten. Wie ein Verwalter sich nach dem Willen seines Herrn richten und demselben Rechenschaft ablegen muß, so sollen auch wir uns für verantwortlich halten, im Gebrauche unseres Eigentumes den Willen Gottes zu erfüllen.[2]

Mit dem, was wir über das Notwendige hinaus haben, dürfen wir nicht Luxus treiben,[3] sondern was uns übrig ist, sollen wir den Notleidenden geben. Luk. 11, 41: „Τὰ

---

[1] Die jetzige, fast fieberhafte Jagd nach möglichst großem und mühelosem Gewinn zur Befriedigung der Genußsucht ist vernunftwidrig, unsittlich, unchristlich.

[2] 1. Kor. 4, 1—2; 1 Petr. 4, 10; Jak. 1, 17. Vgl. Bittner, F., Lehrbuch der katholischen Moraltheologie, Regensburg 1855, S. 484.

[3] Über den Luxus von wirtschaftlichem Standpunkte aus vgl. Mangoldt, Grundriß der Volkswirtschaftslehre, Stuttgart 1871, S. 119 u. ff. Saint-Evremond, Examen de la religion, ch. 10. p. 117. erhebt gegen das Christentum die Anklage, daß es die Gesellschaft schädigen müsse, weil es dem so nützlichen (!) Luxus Beschränkungen auflege. Say, J. B., Traité d' économie politique, Paris 1802.: „Die Mäßigung in den Begierden, sich dessen zu enthalten, was man hat, ist die Tugend der Schöpse" (!). Im Jahre 1885 sind in London nach amtlichem Aus=

ἐνόντα δότε ἐλεημοσύνην." „Es wird von der christlichen Moraltheologie die bestimmtere Vorschrift gegeben, daß der Überfluß oder Überschuß, welchen ein Besitztum nach Abzug der zum standesmäßigen Leben des Eigentümers und seiner Angehörigen erforderlichen Ausgaben möglich macht, im Interesse der christlichen Mildthätigkeit verwendet werden solle."[1])

„In der äußersten Not — so führen unsere Moralisten aus — müssen wir dem Nächsten mit den für unseren Stand einfach notwendigen Gütern helfen, denn so erfordert es die rechte Ordnung der Liebe, da uns das Leben des Nächsten mehr gelten muß, als unser weit geringeres Gut. In einer großen Not müssen wir aus demselben Grunde dem Nächsten mit den für unseren Stand einigermaßen notwendigen Gütern helfen, d. h. wenn auch der Stand einigen Schaden leidet. In der gewöhnlichen Not müssen wir dem Nächsten mit den für unseren Stand überflüssigen Gütern helfen, wenn man sich deshalb auch einiges Vergnügen versagen müßte, denn wäre diese Verpflichtung für die Reichen aufgehoben, dann könnten die Armen nicht mehr leben. Das ist allgemeine Meinung. ... Und das Gebot, Almosen zu geben, verpflichtet selbst in einer gewöhnlichen Not unter einer schweren Sünde. So lehren Alle."[2])

---

weis 37 Menschen aus Mangel an Nahrungsmitteln gestorben. Welch furchtbare Verurteilung des Luxus in der City!

[1]) Bittner a. a. O., S. 486. S. Augustinus, Expos. in Ps. 147.: „Superflua divitum sunt necessaria pauperum; res alienae possidentur quum superflua possidentur." S. Ambrosius, De Naboth, cp. 11.: „Non de tuo largiris pauperi sed de suo reddis. Quod enim commune est in omnium usum datum, tu solus usurpas; debitum igitur reddis, non largiris indebitum." S. Gregor. M., De cura pastorali, cp. 22. Petrus Damianus, Opusc. 9. cap. 1.: Man vergleiche auch die berühmte Predigt über die Nächstenliebe, welche St. A. von Boulogne, Bischof von Troyes, 1785 vor dem königlichen Hofe Frankreichs hielt.

[2]) Gury, J. P., a. a. O., 1, 227 u. ff.

Dies ist die Lehre des Christentumes.¹) Würde
sie allgemein befolgt, so könnte von socialem Elende
nicht die Rede sein.²)
Auch die Eigensucht hat ihre Lehre. »Cherchez votre
interêt avant tout; votre interêt vous le trouverez . . .
à faire les conditions les plus lucratives que vous
pourrez avec ceux qui veulent vous servir, soit qu' il
s'agisse d'acheter d'eux ou de faire travailler pour vous.
Peut-être les réduirez vous à misère, peut-être les rui-
nerez vous, peut-être détruirez vous leur santé ou leur

---

¹) Es ist so selbstverständlich, daß die Geistlichkeit ihr über die
„congrua" hinausgehendes Einkommen für die Armen u. s. w. ver=
wendet, daß sich in vielen Gegenden, z. B. bei uns in der Grafschaft
Glatz, ein Gewohnheitsrecht gebildet hat, wonach der ab intestato ver=
storbene Priester nicht von seinen Verwandten, sondern von den Armen
der Kirchgemeinde beerbt wird.

²) Schon Aristoteles (Pol. 2, 2, §. 8) erkannte, daß nicht sowohl
der Privatbesitz (ἀκοινωνησία) als vielmehr die sittliche Verderbtheit der
Menschen (μοχθηρία) die Ursache vieler Übel sei. — Leo XIII. in der
Encyklika Quod Apostolici muneris vom 28. Dezember 1878: „Ecclesia . . . jus proprietatis ac dominii ab ipsa natura profectum,
intactum cuilibet et inviolatum esse jubet: novit enim furtum ac
rapinam a Deo, omnis juris auctore ac vindice, ita fuisse pro-
hibita, ut aliena vel concupiscere non liceat, furesque et raptores...
a coelesti regno excludantur. . . . Nec tamen idcirco pauperum
curam negligit. . . . Gravissimo divites urget praecepto, ut quod
superest pauperibus tribuant; eosque divino terret judicio, quo,
nisi egenorum inopiae succurrant, aeternis sint suppliciis mul-
ctandi. . . . Quis autem non videat optimam hanc esse vetus-
tissimi inter pauperes et divites dissidii componendi rationem?
Sicut enim ipsa rerum factorumque evidentia demonstrat, ea ratione
rejecta aut posthabita, alterutrum contingat necesse est, ut vel
maxima humani generis pars in turpissimam mancipiorum conditionem relabatur, quae diu penes ethnicos obtinuit; aut humana
societas continuis sit agitanda motibus, rapinis ac latrociniis
funestanda, prout recentibus etiam temporibus contigisse do-
lemus."

vie. Ce n'est pas votre affaire; vous représentez . . . l'interêt national.«[1]) Ja, man erklärt es für einen ganz natürlichen, wirtschaftlichen Vorgang, wenn das Großkapital kraft seiner wirtschaftlichen Übermacht das Kleinkapital aufsaugt, damit die Subsistenz weiter Kreise untergräbt und die Gesellschaft der „plutokratisch-proletarischen Zersetzung" nahe bringt.

Welch ein Kontrast zwischen diesen Sätzen und der Lehre des Christentumes!

Der Protest gegen den eigensüchtigen Gebrauch des Eigentumes ist der Socialismus. Wenn es wahr ist, daß „der Kern der socialen Frage die ungleiche Verteilung des Eigentumes ist",[2]) so liegt die natürliche Lösung der socialen Frage hauptsächlich in der allgemeinen Durchführung der christlichen Lehre vom Eigentume.[3]) Denn wie die Lanze des Königs Amfortas, was die Spitze verwundet hatte, mit ihrem Schafte heilte, so läßt das Christentum zwar alle Ungleichheit im Eigentume bestehen, da ja die Unverletzlichkeit desselben eine Forderung der Menschenwürde ist, aber gleichzeitig gebietet es, daß „der Überfluß dem Mangel abhelfe", so daß „Gleichheit da sei".[4]) Der Kommunismus will die Gleichheit erzwingen durch umstürzendes, gewaltsames Nehmen der Nichtbesitzenden; das Christentum will sie herbeiführen durch das freie und menschenfreundliche Geben der Besitzenden. Auch hier ist das Christentum „der Weg, die Wahrheit und das Leben".[5])

---

[1]) Sismondi, Etudes sur l'économie politique, Paris 1837.

[2]) Dies soll neulich ein Socialistenführer öffentlich ausgesprochen haben.

[3]) Leo XIII. a. a. O.: „Ecclesia . . . eas doctrinas et praecepta tradit, quibus societatis incolumitati et quieti apprime prospicitur, et nefasta Socialismi propago radicitus evellitur."

[4]) 2. Kor. 8, 14.

[5]) Ein Ideal für den echt christlichen Gebrauch eines großen Eigen-

§. 9.
Das Verhältnis von Moral und Recht zu einander.

Beide haben denselben Sachgrund, dasselbe principium existendi. Dies ist Gott,[1]) der „erste Grund aller Gründe".[2]) Denn sind Moral und Recht die notwendigen Forderungen der menschlichen Natur, so ist ihre erste Ursache derjenige, der diese Natur aus dem Nichts geschaffen hat. Beide sind der Wille Gottes. Wer nämlich die Ursache will, will auch deren notwendige Folge und so will der Schöpfer mit unserer Natur auch Moral und Recht. Darum sind beide auf gleiche Weise sittlich verbindlich. Die sittliche Verbindlichkeit des Rechtes unterscheidet sich in nichts von der der Moral. Sie stehen und fallen miteinander; ist die Moral sittlich verbindlich — und dies hat noch niemand bestritten — so ist dies auch das Recht; ist es nicht das Recht, so ist es auch nicht die Moral.

Gemeinsam ist ihr Erkenntnisgrund, ihr principium cognoscendi. Dies ist die menschliche Natur. Denn bestehen Moral und Recht aus den Forderungen derselben an das Einzel- und Gemeinleben, so erkennen wir vermittelst

---

tumes war unsere Hohe nun im Herrn entschlafene Patronin, die Frau Prinzessin Marianne der Niederlande. In ihren persönlichen Bedürfnissen so anspruchslos, wie es nur ihr Rang und ihre Stellung erlaubte, sorgte sie in reichster Weise für die Armen, die Kirchen (auch die katholischen), Schulen und Gemeinden. Die unvergängliche Liebe und Dankbarkeit unseres Volkes ist ein schöneres Denkmal für die Hohe Frau, als ein Denkmal von Marmor und Erz. R. i. p.

[1]) Heraklit: „Denn es nähren sich alle menschlichen Gesetze von dem einen göttlichen."
[2]) Calderon, P. de la Barca, Der Baum der besseren Frucht, in der Übersetzung von Lorinser, F., Breslau 1861, S. 86.

unserer Vernunft an unserer eigenen Natur, was als Moral und Recht unter uns gelten soll.

Gemeinsam ist ihr oberster Grundsatz, ihr νόμος βιωτικός, wie die Stoa, ihr kategorischer Imperativ, wie Kant sich ausdrückt. Diesen formulieren wir: „Handle immerdar nach den unbedingten Forderungen der menschlichen Natur, denn dies ist der Wille deines Schöpfers."[1)]

Gemeinsam ist ihr letzter Zweck. Dies ist der Weltzweck: Gott und Mensch. Denn sie bezwecken durch die Ordnung der sittlichen Welt zuerst die Erfüllung des göttlichen Willens oder die Ehre unseres Gottes. Dann dienen sie zur Erhaltung und Entwicklung und hiermit zur Glückseligkeit der Menschen. Die Moral macht vollkommene Menschen, das Recht vollkommene Bürger; dort wird uns die echte Menschlichkeit, hier die Entwicklung des nationalen Gemeinlebens gegeben. Wie alle Quellen, alle Bäche, alle Ströme der physischen Welt nach dem einen Ocean hineilen, so streben alle Normen, alle Lebensverhältnisse und Institutionen der sittlichen Welt unentwegt nach demselben Ziele: nach der Vollkommenheit unseres Geschlechtes.

Deshalb bestehen auch beide aus zwei Elementen, einem deontologischen und einem eudämonistischen. Aus demselben Principe haben wir beide mit fast denselben Worten entwickelt.

[1)] Oder: Agere sequatur esse. Hierzu S. Augustinus, De morib. Manich. cap. 1.: „Hoc maxime esse dicendum est quod semper eodem modo sese habet, quod omnimodo sui simile est, quod nulla ex parte corrumpi ac mutari potest; id enim est quod esse verissime dicitur." Boëthius, De consol. philosoph. lib. 4. prosa 2.: „Esse est, quod ordinem retinet servatque naturam; quod vero ab hac deficit, esse etiam quod in sui natura situm est, derelinquit. S. Antonius de Padua, Serm. 2. Dom. 5. post Trinit.: „Male esse non est esse et qui a vero esse cecidit, nihilum et inane potest reputari."

Wenn aber der Sachgrund, die sittliche Verbindlichkeit, der Erkenntnisgrund, der oberste Grundsatz, der Zweck, die Summe und Art ihrer Elemente, und die wissenschaftliche Entwicklung der Moral und dem Rechte gemeinsam sind, so ist nur ein Schluß möglich: Moral und Recht sind wesentlich ein und dasselbe. Sie sind die zwei Seiten derselben Sache, die zwei Anwendungen derselben Wahrheit, die zwei Äußerungen desselben Grundes. Nur durch Eins unterscheiden sie sich: durch das Gebiet, welches sie beherrschen. Die Moral besteht aus den unbedingten Forderungen der menschlichen Natur an das Einzelleben; das Recht aus denselben Forderungen an das Gemeinleben. Sie sind untrennbar, bilden zusammen ein Ganzes und sind füreinander so sehr das notwendige Komplement, daß jedes von beiden ohne das andere nur etwas Halbes sein würde.

Für die Richtigkeit dieser Anschauung giebt es eine fast mathematische Probe. Wenn es nämlich wahr ist, daß Moral und Recht ganz dasselbe, wenn auch auf verschiedenen Gebieten sind, so muß die Anwendung des moralisch Gerechten auf das Gemeinleben die Rechtsordnung ergeben. Dies ist thatsächlich der Fall. Darum hat auch die ältere christliche Schule das Recht definiert als „die objektive Norm der Gerechtigkeit, des justum, welche in Hinsicht auf die äußere Beziehung des Menschen zum Menschen und zur Menschheit die unbedingte Anforderung auf Verwirklichung (d. i. die Erzwingbarkeit) in sich trägt."[1]

Die Trennung des Legalen und Moralischen ist modern. Thomasius begann, Kant und J. G. Fichte vollendeten sie.

---

[1] Vgl. Meyer a. a. O., S. 108.

Plato und Aristoteles behandeln beides in dem Gedanken der Einheit, auch Ulpian definiert die Gerechtigkeit als die constans ac perpetua voluntas jus suum cuique tribuendi (1. Dig. 1, 10.). „Die falsche Selbständigkeit des Juristischen, welche als ein Fortschritt der Wissenschaft galt, hat nicht nur das Recht in der Theorie verzerrt, sondern auch im Leben das Recht seiner Würde entkleidet, die Vorstellungen von einem Mechanismus des Rechtes befördert und die Rechtsbegriffe entseelt."[1])

Wenn, wie wir lehren, Moral und Recht wesentlich dasselbe sind, so muß ein innerer Widerspruch beider unmöglich sein. Fichte behauptet einen solchen und erklärt darum auch ganz konsequent, daß das Recht mit dem Sittengesetze nichts zu thun habe. Er meint: „Der Begriff der Pflicht, der aus dem Sittengesetze hervorgeht, ist dem des Rechtes in den meisten Merkmalen geradezu entgegengesetzt. Das Sittengesetz gebietet kategorisch die Pflicht; das Rechtsgesetz erlaubt nur, aber gebietet nie, daß man sein Recht ausübe. Ja, das Sittengesetz verbietet sehr oft die Ausübung eines Rechtes, das dann noch nach dem Geständnisse aller Welt darum nicht aufhört, ein Recht zu sein. Das Recht dazu hatte er wohl, urteilt man dann, aber er hätte sich desselben hier nicht bedienen sollen (wie z. B. etwa jemand, das juristische Recht hat, eine Schuld von einem Verarmten einzutreiben, aber moralisch die Pflicht hätte, sie ihm zu erlassen oder ihm Frist zu gewähren). Läge dem Rechte das Sittengesetz zu Grunde, schließt Fichte weiter, so wäre ein und dasselbe Princip mit sich selbst uneins und gäbe zugleich in demselben Falle dasselbe Recht, das es zugleich in demselben Falle aufhöbe." Es ist vollkommen richtig, daß die Moral gebietet und das Rechtsgesetz erlaubt. Aber dies ist

---

[1]) Trendelenburg, A., Naturrecht auf dem Grunde der Ethik, Leipzig 1868, S. 21 u. ff.

selbstverständlich. Denn das Sittengesetz besteht in den unbedingten Forderungen der menschlichen Natur an das menschliche Wollen und Handeln. Notwendig äußert es sich in zweifacher Richtung. Jeder einzelne Mensch ist es sich selbst schuldig, sich in naturgemäßer Weise zu erhalten und zu entwickeln. Gleichzeitig sind es ihm alle anderen schuldig, dies zu gestatten oder als seine Befugnis gelten zu lassen. So wird der Mensch durch seine Menschenwürde verpflichtet und befugt; verpflichtet sich selbst, befugt allen anderen gegenüber. Die Verpflichtung ist die Wirkung der Menschenwürde nach innen, die Befugnis ist die Wirkung der Menschenwürde nach außen: sie sind die zwei Folgen derselben Ursache. Allerdings geht die Befugnis weiter, als die Verpflichtung. So z. B. ist man befugt, aber nicht verpflichtet, ein bestimmtes Vermögensobjekt zu konsumieren. Da nämlich der Mensch von Natur aus frei ist und die allgemeine Anerkennung seiner Freiheit auf Grund seiner Menschenwürde zu fordern befugt ist, so ist klar, daß der Kreis der Befugnis größer sein muß, als der Kreis der Verpflichtung, obwohl das Centrum beider dieselbe Menschenwürde ist. Zur Verpflichtung genügt die Existenz des Menschen oder das Einzelleben, zur Befugnis gehört die Koexistenz und gegenseitige Berührung oder das Gemeinleben. Die weitere Ausführung dieser fundamentalen Verpflichtung ist die Moral, dieser fundamentalen Befugnis das Recht. Darum muß die Moral verpflichten und das Recht in erster Linie Befugnisse erteilen, aber damit hören beide nicht auf, die zwei notwendigen Äußerungen ein und desselben Sittengesetzes zu sein. Es ist ferner wahr, daß die Moral mitunter die Ausübung eines Rechtes verbietet. Doch auch dies ist natürlich. Denn das Subjekt der Moral ist der Einzelmensch und deshalb müssen auch die individuellen Unterschiede in der Moral ihre Berücksichtigung finden. Hier ist es von größter Bedeutung, ob man einem Notleidenden oder einem Reichen, seinem Wohl=

thäter oder einem Fremden gegenübersteht. Dagegen ist das Subjekt des Rechtes der Mensch nur als Glied der Gemeinschaft. Seine individuellen Verhältnisse müssen hier bedeutungslos sein; hier ist er wie jeder andere nichts, als einer von den Teilen des Ganzen und darum muß auch von jedem einzelnen dasselbe gelten, was von allen gilt. Dieselbe Norm auf zwei verschiedene Subjekte angewendet, muß zu verschiedenen Resultaten führen, aber damit tritt nicht die Norm mit sich selbst in Widerspruch.

Die Rechtsbildung durch Gewohnheit oder Gesetz darf nicht mit der Moral in Widerspruch treten. Wenn nämlich Moral und Recht in ihrem Wesen einander gleich sind und es erlaubt ist, Gleiches für Gleiches zu setzen, so widerspricht alles Recht, welches der Moral entgegentritt, sich selbst und wird zum Unrecht. Dann ist die Moral eine Forderung des Menschentums. Nun besteht jedes Volk der Erde aus Menschen und darum muß bei jedem Volk — es sei auch wie es sei — alles gelten, was unter den Menschen überhaupt gelten muß. Niemals kann das Gesetz etwas gebieten, was durch die Moral verboten ist, denn niemals kann den Bürgern geboten werden, daß sie aufhören, Menschen zu sein. Niemals kann man mit Strafe bedrohen, was die Moral zur Pflicht macht, denn niemals kann ein Volk seine Bürger deshalb bestrafen, weil sie Menschen sein wollen. Jedes der Moral widersprechende Gesetz unterdrückt den Menschen im Bürger;[1]) es widerspräche der Freiheit, denn das

---

[1]) Leo XIII. in der Encyklika Immortale Dei vom 1. November 1885: „Pariter non licere aliam officii formam privatim sequi, aliam publice, ita scilicet ut Ecclesiae auctoritas in vita privata observetur, in publica respuatur. Hoc enim esset honesta et turpia conjungere, hominemque secum facere digladiantem, cum contra debeat sibi semper constare, neque ulla in re ullove in genere vitae a virtute christiana deficere."

moralische Handeln ist — vgl. §. 5 — ein wirklich freies Handeln: es wäre ein Sklavengesetz. Es könnte nicht sittlich verbinden, denn es wäre nicht der Ausdruck des Sittengesetzes. Allerdings beruht das Gesetz auf dem Willen des Volkes, aber wie der Wille des Einzelmenschen, so ist auch der Volkswille nicht mit Notwendigkeit und darum nicht immer vernünftig. Errare humanum est. Ein Volk wird sich seltener irren, wie ein einzelner, weshalb auch das Sprichwort sagt: Volkesstimme, Gottesstimme. Aber abgesehen davon, daß nicht jedes Gesetz der Ausdruck der wirklichen Volksüberzeugung ist, kann sich kein Volk von seiner Zeit und dem Geiste seiner Zeit völlig emancipieren, so daß es auch ganz allgemeine Irrtümer giebt. Die Weltgeschichte hat ja oft genug zu richten über Thorheiten, welche die Völker gewollt. Sklaverei und Polygamie z. B. sind durchaus vernunftwidrig und dennoch haben sie bei vielen Völkern geherrscht, ja, herrschen noch jetzt auf einem großen Teile des Erdballs. Wie der Wille jedes Einzelmenschen, so muß auch der Wille jedes Volkes sich beugen unter die unveränderliche Norm des Menschentums. Mag sich nun dieselbe als Moral oder Naturrecht äußern, immer ist sie das geborene Korrektiv für jedes Volksrecht der Erde.[1]) Das wohl berühmteste Beispiel für eine solche Korrektur eines Volksrechts durch Moral und Naturrecht ist die Reprobation von vierzehn Artikeln unseres sonst so prächtigen Sachsenspiegels durch Gregor XI. in der Bulle

---

[1]) Leo XIII. in der Encyklika Quod Apostolici muneris vom 28. Dezember 1878: „Quod si legislatorum . . . placita aliquid sanciverint aut jusserint, quod divinae aut naturali legi repugnet, christiani nominis dignitas et officium atque Apostolica sententia suadent obediendum esse magis Deo quam hominibus (Act. V. 29.). In der Encyklika Diuturnum illud vom 29. Juni 1881: „Omnia . . . in quibus naturae lex vel Dei voluntas violatur, aeque nefas est imperare et facere."

Salvator humani generis v. J. 1374. In den meisten dieser Artikel war der Zweikampf und die (zum Meineid verführende) Eideshilfe als gerichtliches Beweismittel statuiert.¹) Dies entsprach durchaus dem ritterlichen Sinn des deutschen Volkes. Auch jetzt noch scheuen wir nicht scharfen Schwertschlag und sind kampffroh in der alten »furia tedesca«, wenn wir mit Gott für König und Vaterland kämpfen, dennoch können wir es uns nicht verhehlen, daß hier die Vernunft nicht aus unserem Sachsenspiegel, sondern aus dem Papste sprach. Ganz richtig sagte damals Johannes Klenkok in seinem Decadion contra 21 errores Spec. Sax.: „Dit stuecke helt weder alle recht, dat men unwisse provinge eines kampes sette vor warhafftige tughe (nicht von Eideshelfern, sondern von Zeugen). Ok mochte der starke den kranken unschuldichliken vorwinnen und vorderven, dat et openbare were, dat de starke unrecht hebbe."²) Auch das Volk selbst

---

¹ So z. B. bestimmt über den Prozeß bei Tötung in Notwehr der reprobierte Artikel 64 des ersten Buches: „Süs (nämlich durch Scheinkampf nach Art. 63 und Görlitzer Landrecht 47, §. 14 a) sal man ok verwinnen enen boben, of man ine in düve oder rove oder in sogebauen dingen geslagen hevet. Mach aver he den boben mit seven mannen tüge (nicht Zeugen, sondern Eideshelfer) verwinnen, so ne darf he sik to kampe nicht bieden jegen ene. Büt aver en des boben mach, sve he si, ine vortustande mit kampe, die verleget allen tuech, wende so ne mach man ihne ane kamp (auf Leben und Tod) nicht verwinnen, he ne si vervest."

²) Unermüdlich haben die Päpste gegen das „duellum manifestativum veritatis seu terminativum controversiae ihre Stimme erhoben. Vgl. c. 22. C. 2., qu. 5. und 6.; cp. 1. und 2 × 5, 14; × 5, 35; Julius II. Const. „Regis pacifici"; Leo X. Const. „Quam Deo et hominibus"; Clemens VII. Const. „Consuevit Roman. Pontif."; Julius III. Const. „Cum sint"; Pius IV. Const. „Ea quae a Praedecessoribus"; Gregor XIII. Const. „Ad tollendum"; Clemens VIII. Const. „Illius vices"; Conc. Trident. sess. 25., cp. 19. de refm.

korrigiert bisweilen das Werk seiner Legislatoren. So z. B. scheiterte in unseren Tagen — das allgemeine Gesetz der vereinigten Staaten Nordamerikas, keinem entlaufenen Sklaven Vorschub zu leisten, an der entgegengesetzten Überzeugung.[1])

Wenn Moral und Recht wesentlich dasselbe sind und sich nur dadurch unterscheiden, daß jene das Einzelleben, dieses das Gemeinleben beherrscht, so kann es auch nur innerhalb des Gemeinwesens Rechte geben. Das Charakteristische des Rechtes liegt eben darin, daß es den Menschen als Glied der Gemeinschaft erfaßt; wenn er also einer solchen nicht angehört, so kann er auch nicht Rechte haben. Doch Staatsmonopol ist das Recht nicht. Es giebt ja noch ein anderes Gemeinwesen, die Kirche, und da die Menschenwürde vom Staate ganz unabhängig ist, so muß es infolgedessen auch außerhalb des Staates noch Forderungen der Menschenwürde an das Gemeinleben oder Rechte geben. Aber richtig ist, daß es nur in Staat und Kirche ein Recht giebt. Natürlich ist es nicht von der bloßen Willkür beider abhängig, ob und was ein Recht sein solle; denn das Recht ist eine Forderung der menschlichen Natur und diese ist angeboren und unveräußerlich. Mit dem Augenblick, in welchem ein Träger der Menschenwürde in das Gemeinleben tritt, muß auch seine Menschenwürde anerkannt werden, ist er ein Rechtssubjekt, hat er sein volles und ganzes Recht und muß in demselben durch das Gemeinwesen aller Welt gegenüber geschützt werden. Es ist ganz unmöglich, jemand für rechtlos und bürgerlich tot zu erklären oder irgend wem den Rechtsschutz zu verweigern. — Übrigens würde auch die Kirche z. B. das Eigentum nicht schaffen können; denn dieses setzt die Maxime der Koexistenz und die auf die Außenwelt gerichtete Gemeinschaft voraus.

---

[1]) Trendelenburg a. a. O., S. 19.

Wenn Moral und Recht nur die zwei Anwendungen derselben Wahrheit auf zwei verschiedene Gebiete sind, so muß sich jeder Unterschied von Moral und Recht aus der Verschiedenheit dieser Gebiete entwickeln lassen.

Zuerst sagt man nun, die Moral sei eine Norm, das Recht eine Ordnung. Dies ist richtig, aber warum? Stahl nennt das Recht eine Ordnung, weil es eine verwirklichte, stets befolgte Norm sei.[1]) Aber auch die Moral hat denselben unbedingten Anspruch auf Verwirklichung, uch sie findet ihre Befolgung, auch sie müßte dann eine Ordnung sein. Wir begründen diesen Unterschied von Moral und Recht aus dem Unterschied des Einzellebens und des Gemeinlebens. Ein auch durchaus sittliches Einzelleben kann, da es nur für sich allein steht, doch immer nur eine Reihenfolge von sittlich guten Thaten zeigen. Während es im Einzelleben nur ein Nacheinander giebt, ist das Gemeinleben ganz besonders ein Nebeneinander. Nennt man die Zeit das Nacheinander, den Raum das Nebeneinander der Dinge, so verhalten sich Moral und Recht wie Zeit und Raum. In dem vernunftgemäßen Nebeneinander besteht die Ordnung.[2]) Darum muß das Recht eine Ordnung sein und weil es eine Ordnung ist, so ist es nicht nur eine Anforderung an den Willen, eine ethische Norm, sondern auch etwas Gegenständliches oder, wie Stahl sagt, „eine mechanisch sich erhaltende Einrichtung." So erklärt sich „diese eigentümliche Doppelnatur des Rechtes" aus der Beschaffenheit seines Herrschaftsgebietes.

Hiermit steht im Zusammenhang der handgreiflichste und darum auch populärste Unterschied von Moral und

---

[1]) Stahl, a. a. O., Bd. 2., S. 197.
[2]) Stöckl a. a. O., Bd. 2, S. 108. Walter a. a. O., S. 52: „Ordnung ist gleichbedeutend mit Einheit in der Vielheit, d. h. mit dem Nebeneinanderbestehen verschiedener Thätigkeiten, ohne daß diese sich stören oder verwirren, sondern vielmehr auf ein gleiches Ziel hinwirken."

Recht, nämlich die Anwendbarkeit des physischen Zwanges. Daß die Moral nicht gewaltsam durchgeführt werden kann, muß nicht dadurch erklärt werden, daß — wie Kant sagt — der Zwang hier nicht durchführbar wäre, denn wenn dies auch im ganzen und großen richtig ist, so kann doch etwas Thatsächliches niemals einen tieferen philosophischen Grund ersetzen. Auch hier ist die Ursache die Verschiedenheit des Einzel= und Gemeinlebens. Was nämlich im Einzelleben die vernunftgemäße Handlung ist, das ist im Gemeinleben der ordnungsmäßige Zustand. Dort zeigt sich die Erfüllung des Sittengesetzes in der sittlichen That, hier in der sittlichen Ordnung. Wie der Einzelmensch verpflichtet ist, moralisch zu handeln, so ist auch die Gemeinschaft verpflichtet, die sitt= liche Ordnung zu bewahren. Wie der Einzelmensch sich selbst zur sittlichen That zwingen und seine ungeordneten Begierden unter die Norm des Sittengesetzes beugen muß, so muß auch die Gemeinschaft ihre der Ordnung widerstrebenden Elemente unter die Ordnung zwingen. Die Gesellschaft kann nur da= durch das Sittengesetz erfüllen, daß sie die sittliche Ordnung aufstellt und aufrecht hält. Der Rechtszwang gehört also zur Erfüllung des Sittengesetzes und ist sonach nicht ein Ausfluß des Selbsterhaltungstriebes oder der Willkür, son= dern des Sittengesetzes selbst. Dieses trägt in sich selbst den unbedingten Anspruch auf Verwirklichung und darum sucht es auch dieselbe zu erzwingen. Für unser inneres Leben fordert es die Moral und legt den Zwang zu derselben in unser Inneres hinein — das Gewissen. Von der äußeren Gemeinschaft fordert es das Recht und legt den Zwang zu demselben in die Gemeinschaft — den Rechtszwang, der sich dem einzelnen Missethäter gegenüber als ein äußerer und damit physischer zeigen muß. Zwischen der Strafe, welche den Verbrecher trifft, und den Gewissensqualen, welche der Sünder fühlt, besteht die engste Verwandtschaft.

Bei der Festsetzung des wissenschaftlichen Verhältnisses von Moral und Recht zu einander ist die wesentliche Gleichheit beider unter jeder Bedingung festzuhalten. Zu diesem Zwecke schlagen wir vor, unter Ethik (in einem weiteren Sinne) die unbedingten Forderungen der menschlichen Natur an das menschliche Wollen und Handeln zu verstehen und dann die Moral (oder Ethik im engeren Sinne) und das Recht als die zwei koordinierten Teile dieser Ethik zu erklären, da ja auch Einzel= und Gemeinleben koordiniert sind. Wir empfehlen diese Darstellung als die allein sachgemäße.

§. 10.
Die Vernunftnotwendigkeit von Staat und Kirche als deren natürlicher Rechtsgrund.

Als das vernünftige Wesen der Sinnenwelt ist der Mensch der irdische Zweck.[1]) Darum muß er sich zu erhalten und allseitig oder nach innen und außen zu entwickeln streben.[2])

Dies ist ihm nur in der Gesellschaft möglich. Schon bald nach seiner Geburt würde er untergehen müssen, wenn er allein oder sich selbst überlassen bliebe. Und hilflos wie ein Kind wird auch der thatkräftigste Mann in Krankheit, Unglück und Alter. Mit dem Zusammenleben fiele auch die Entwicklung der Sprache und des Unterrichtes und doch sind beide, wenn auch nicht zur Denkthätigkeit überhaupt, so doch zur vollkommenen Entfaltung der menschlichen Denkkraft not-

---

[1] Vgl. §. 1.
[2]) Vgl. §. 2.

wendig.¹) Es fiele auch die Gliederung der Arbeit zur Arbeitsvereinigung und Arbeitsteilung. Daß aber diese bei den nach Zahl und Bedeutung so großen Bedürfnissen des Menschen eine Notwendigkeit ist, bedarf nicht erst des Beweises. Der Mensch wird nicht bloß durch seine „gesellschaftlichen Triebe" und „sympathischen Gefühle" zum Menschen hingezogen: durch seine ganze sinnlich-vernünftige Natur ist er so sehr auf das Zusammenleben angewiesen, daß „ohne Beihilfe anderer Menschen keine Erhaltung und Entfaltung unseres leiblich-geistigen Wesens möglich ist."²) Der Mensch ist ein animal sociale und sein »état de nature« ist die Gesellschaft. Nicht auf der Willkür der Menschen, nicht auf einem Vertrage beruht dieselbe: sie ist natürlich und vernunftnotwendig.³)

---

¹) Bonald behauptet sogar in seinen Recherches philosophiques sur les premiers objets des connaissances morales I., 147.: „Le langage est l' instrument nécessaire de toute opération intellectuelle et le moyen de toute existence morale." Durch die Sprache allein wird dem Menschen die Einsicht und Erfahrung früherer Geschlechter übermittelt.

²) Hagemann, Psychologie, S. 110.

³) Die Vertreter der sogenannten Naturstandstheorien, vor allem Hobbes, der sie (nach einer Andeutung des Grotius) aufgestellt hat und J. J. Rousseau, welcher sie „durch seine zündende Schrift du contrat social zu einer unberechenbaren Macht im Leben und der Staatsentwicklung des modernen Europa erhob" (Schulze, H., System des deutschen Staatsrechtes, Abth. 1, S. 147), dann Puffendorf, Kant, Zachariae und die minorum gentium dii lehrten, daß die Menschen aus einem ursprünglich gesellschaftslosen Zustand durch einen Vertrag zusammengetreten seien. Auf diesem Vertrage sollten dann Recht und Staat beruhen. Doch ein solcher Vertrag ist historisch nicht nachweisbar und darum bloße Fiktion. Dann hätten alle Menschen aller Länder denselben Vertrag geschlossen. Recht und Staat würden ihre Existenz der Willkür der Menschen verdanken, könnten also nach Willkür wieder aufgehoben werden. Endlich hätte man sich vor der Existenz des Rechtes zum denkbar wichtigsten Rechtsgeschäft entschlossen. Ist übrigens im Texte der Beweis

· Die Gesellschaft muß jene Form erhalten, welche für unsere Erhaltung und Entwicklung notwendig ist. Dieselbe Societät kann vernünftigerweise nur Homogenes umfassen.¹) Alle, welche eine Gemeinschaft bilden, müssen etwas Gleichartiges und darum Gemeinsames an sich haben, zu dessen Förderung sie eben in Gemeinschaft stehen sollen. Da aber andererseits die Vereinigung einiger nicht für alle wirken kann, so muß die Gemeinschaft, wofern sie überhaupt notwendig ist, auch in ihrem vollen Umfange durchgeführt werden, d. h. sie muß alle umfassen, welche dem Gemeinschaftszweck gegenüber homogen sind.²) Wie nur Gleiches

erbracht, daß die Gesellschaft zur Erhaltung des Menschen notwendig ist, so ist mit der Existenz des Menschen auch erwiesen, daß die Gesellschaft von jeher bestanden hat, also ursprünglich und nicht erst durch Vertrag gesetzt ist. — Leo XIII. in der Encyklika Diuturnum illud vom 29. Juni 1881: „Magnus est error non videre, id quod manifestum est, homines, cum non sint solivagum genus, citra liberam ipsorum voluntatem ad naturalem communitatem esse natos: ac praeterea pactum, quod praedicant, est aperte commentitium et fictum, neque ad impertiendum valet politicae potestati tantum virium, dignitatis, firmitudinis, quantum tutela reipublicae et communes civium utilitates requirunt. . . . Et sane homines in civili societate vivere natura jubet . . . quod perspicue demonstrant et maxima societatis conciliatrix loquendi facultas et innatae appetitiones animi perplures, et res necessariae multae ac magni momenti, quas solitarii assequi homines non possunt, juncti et consociati cum alteris assequuntur." Encyklika Humanum genus vom 20. April 1884: „Revera humani generis societas, ad quam sumus natura facti, a Deo constituta est naturae parente: ab eo tanquam a principio et fonte tota vis et perennitas manat innumerabilium, quibus illa abundat, bonorum."

¹) S. Joannes Chrysostom. Homil. 11. ex Divers. in Matth.: „Diversitas rerum non potest habere consortium."

²) So lange die deutsche Nation in eine Menge selbständiger Staaten zerrissen war, konnte keiner derselben in genügender Weise für die gemeinsamen, nationalen Interessen eintreten. Der Grundsatz „unitis viribus" ist durchaus richtig und muß in jeder Richtung des gesellschaftlichen Lebens durchgeführt werden.

zusammengehört, so gehört dann auch alles Gleiche zusammen.

Nun sind die Menschen der Erde — und dies ist das punctum saliens — homogen und heterogen zugleich. Alle sind nämlich Träger der menschlichen Natur und diese ist überall die gleiche.

Alle leben aber auch in einer bestimmten Außenwelt und tragen damit den ganzen Unterschied von „Land und Leuten". Die dasselbe Land bewohnenden Leute derselben Beschaffenheit nennen wir ein Volk.[1]) Jedes Volk trägt infolge seiner Abstammung, seiner geographischen Umgebungsverhältnisse,[2]) seiner äußeren und inneren Geschichte ein eigenartiges Gepräge, das es von allen anderen Völkern der Erde scharf unterscheidet.[3])

---

[1]) Nach deutschem Sprachgebrauche ist eine Nation die Summe der durch Abstammung, Sprache und Sitte zusammengehörigen Menschen, ein Volk die Gesamtheit der in einem bestimmten Staate Vereinigten. Nation ist ein Kultur-, Volk ein Staatsbegriff (Bluntschli). Der französische und englische Sprachgebrauch giebt den entsprechenden Worten die entgegengesetzte Bedeutung.

[2]) Diese haben einen so großen Einfluß, daß man von einem „anthropologischen Gesetz der geographischen Provinz" spricht, wonach sogar die körperlichen Eigenschaften der Menschen ein Produkt ihrer geographischen Umgebungsverhältnisse sind. Ritter suchte den Einfluß der Ländergestalt auf den Entwicklungsgang der menschlichen Gesittung zu ergründen und wies z. B. nach, daß die niedrige geistige Stufe des Negers in der dürftigen Gliederung und Unwegsamkeit Afrikas ihren Grund habe. „Überall fand ich dieselben Gesetze, dieselben Impulse des ersten Ansiedelns, des ersten Ackerbaues, der ersten Schiffahrt."

[3]) Schulze, H., System des deutschen Staatsrechts, Leipzig 1865, Bd. 1, S. 157: „Es ist eine Errungenschaft unserer tieferen wissenschaftlichen Anschauung, daß wir nicht, wie der unhistorische Liberalismus des vorigen Jahrhunderts, die Nationalität als ein „reaktionäres Vorurteil" ansehen, welches mit steigender Kultur etwa immer mehr abgelegt werden würde. Jener Humanismus, der alle Völker in einen großen Humanitätsbrei einrühren möchte, ist jetzt eine überwundene Trivialität. Wie das Individuum im Staate seine Individualität, so soll das zum Staate

Soll sich nun der Mensch allseitig entwickeln und kann er dieses nur in der Gesellschaft, muß aber dieselbe Societät nur Homogenes aber auch alles Homogene umfassen, so sind, da die Menschen ihrem inneren Wesen nach einander gleich, in der Außenwelt aber heterogen sind, zwei voneinander verschiedene Societäten unumgänglich notwendig.[1])

Die eine muß den Menschen als solchen erfassen, und

---

organisierte Volk im Staatenvereine seine Nationalität für alle Zeiten behaupten. Jede wahre Kulturnation hat ihre eigentümliche Aufgabe, ihre specifische Mission in der Weltgeschichte. Diese kann sie nur in eigentümlicher Weise darstellen in einem nationalen Staate. Nur durch die Nationalität erhält die Menschengeschichte ihren energischen Reichtum und ihr wahrhaftes Leben."

[1]) Man fühlt doch nicht deutsch, englisch oder französisch, sondern man fühlt menschlich. Unleugbar also giebt es ein Gebiet im Menschen, welches der Nationalität nicht unterliegt, vielmehr von derselben ganz unabhängig ist. Ist es nun wahr, daß sich der Mensch nach jeder Richtung hin entwickeln muß und ist es ferner wahr, daß sich der Mensch nur in der Gemeinschaft entwickeln kann, so muß es neben der nationalen Gemeinschaft und unabhängig von derselben noch eine andere geben, welche den Menschen in seinem nichtnationalen Leben entwickelt. So giebt es zwei in ihrer Art höchste Gemeinschaften: Menschheit und Volk. Dies scheint selbstverständlich, dennoch müssen wir es möglichst betonen. Denn gäbe es nur eine einzige Gemeinschaft — die des Volkes — wäre also das Volk nicht „eine" Gesellschaft, sondern „die Gesellschaft", so müßte das Volk, da sich der Mensch allseitig zu entwickeln hat, nicht nur für das äußere, sondern auch für das innere Leben des Menschen Sorge tragen. Dann aber hätte es neben dem organisierten Volke, d. i. dem Staate keinen Platz mehr für die zum Zwecke der inneren Entwicklung organisierte Menschheit, d. i. die Kirche und damit wäre der Mensch in dem Bürger untergegangen. Übersieht man über dem Volke die Menschheit, so sieht man den Wald vor Bäumen nicht. Die menschliche Gesellschaft teilt sich in die bürgerliche und kirchliche Gesellschaft. Diese ist nicht ein Teil von jener und wird darum auch in Syllab. Nr. 19 für eine vera perfectaque societas erklärt. — Die Ausdehnung der Kirche auf die ganze Menschheit ist eine Forderung des Gesellschaftsgedankens.

in ihrem Umfange mit der Menschheit selbst zusammenfallen. Sie hat das rein menschliche oder innere Leben des Menschen zu entwickeln und ist der Ausdruck des Menschentums.

Die andere muß den Menschen mit der ihn umgebenden Außenwelt umschließen und ihrem Umfange nach das Volk sein. Sie hat das auf die Außenwelt gerichtete oder äußere Leben des Menschen zu fördern und ist der Ausdruck des Volkstums.

Die Verkörperung des inneren Menschentums ist die Kirche; die Verkörperung des äußeren Volkstums ist der Staat.[1])

So resultiert: Staat und Kirche sind vernunftnotwendig. Deshalb tragen sie in sich selbst die Berechtigung zu sein, sich zu erhalten und zu entwickeln. Ihr natürlicher Rechtsgrund ist ihre eigene Vernunftnotwendigkeit.[2])

---

[1]) Wir lancieren dieses Wort und wünschen ihm viel Glück auf den Weg.

[2]) Als Forderungen der menschlichen Beschaffenheit sind auch Staat und Kirche eine Forderung jenes „agere sequitur esse", auf welchem wir die ganze physische und sittliche Weltordnung beruhen sehen. — Der Staat ist also nicht eine Herrschaft des Stärkeren über den Schwächeren; er beruht nicht auf dem Eigentume an Grund und Boden, der sogenannten Patrimonialität; er ist nicht durch einen Vertrag gesetzt: seine Existenz und seine Herrschaft über das Individuum ist deshalb gerechtfertigt, weil sie vernunftnotwendig ist. Dies ist die Doktrin fast aller Staatsrechtslehrer der Jetztzeit. — Die Kirche ist übernatürlichen Ursprunges und stützt sich auf den denkbar vollgültigsten Rechtsgrund: ihre göttliche Stiftung. Aber dieser Rechtsgrund setzt zu seiner Anerkennung einen bestimmten religiösen Glauben voraus und nicht alle Menschen der Erde sind so glücklich, denselben zu besitzen. Wenn also die Kirche nicht noch einen anderen Rechtsgrund als ihre göttliche Stiftung hätte, so hätte sie in den Augen aller, welche an sie nicht glauben, überhaupt keinen Rechtsgrund und damit auch kein Recht. Darum war noch ein anderer Rechtsgrund zu suchen, der nichts voraussetzt als einfache Logik.

§. 11.
Zweck und Begriff des Staates.

Sollen wir den Staatszweck allseitig aber scharf bestimmen, so müssen wir auf das entschiedenste betonen, daß sich der Mensch nach jeder Richtung, b. i. nach innen und außen zu entwickeln hat, daß aber die Staatsgemeinschaft nur der Entwicklung seines äußeren Lebens dient. Der Staatszweck fällt also nicht mit den Zwecken des Menschen zusammen, denn unsere inneren Zwecke existieren nicht für unsere äußere Gemeinschaft.[1]) Darum ist es auch nicht richtig, daß der Staat — wie Trendelenburg behauptet — der Mensch im großen ist. Dies konnte wohl Plato von seinem Staate sagen, doch der antike Staat gehört bei uns nur noch der Geschichte an. Er umfaßt auch nicht die „Totalität des menschlichen Gemeinlebens"; denn dieses ist zweifach: staatlich und kirchlich. Der Staat ist demnach nur ein Verein für ein Ziel, nicht aber der Verein für das Ziel der Gesellschaft. Sein Zweck ist die Entwicklung unseres äußeren Lebens in seiner Totalität.[2]) Wenn

---

Der Rechtsgrund der Vernunftnotwendigkeit und der der göttlichen Stiftung widersprechen sich übrigens nicht, denn alles, was vernunftnotwendig ist, ist juris divini. — Der Beweis der Vernunftnotwendigkeit der Kirche ermöglicht eine rein juristische Konstruktion des Kirchenrechtes.

[1]) Geffcken, J. H., Staat und Kirche, Berlin 1875, S. 10: „Wo der Staat die gesamte Existenz seiner Angehörigen zu absorbieren trachtet, da entsteht der Staatsbespotismus."

[2]) Leo XIII. in der Encyklika Immortale Dei vom 1. November 1885: „Provisum divinitus est, ut (homo) ad conjunctionem congregationemque nasceretur cum domesticam tum etiam civilem, quae suppeditare vitae sufficientiam perfectam sola potest."

wir das äußere Leben aller Volksgenossen in seiner Einheit als das Volksleben bezeichnen, so soll in dem Staate die Totalität des Volkslebens zum natürlichen Ausdrucke kommen. Wenn nun der Staat den Zweck hat, unser ganzes äußere Leben zu entwickeln, so muß er uns zuerst Raum und Licht für unser eigenes Streben nach äußerer Entwicklung schaffen oder darüber wachen, daß unsere Befugnis, uns in der Außenwelt zu erhalten und zu entwickeln, durch niemand geschmälert wird. Dann muß er dafür Sorge tragen, daß das Streben des einzelnen nach Selbsterhaltung nicht dem gemeinschaftlichen Streben aller entgegenwirkt. Dies aber sind die zwei Momente des Rechts. Darum ist das Recht die erste und unmittelbare Aufgabe, die specifische Mission des Staates.[1]) — Das Recht ist die eine Äußerung des Sittengesetzes und damit eine unbedingte Forderung der menschlichen Natur. Infolgedessen muß es unbedingt oder an erster Stelle durchgeführt werden. Zur Entwicklung unseres äußeren Lebens muß das Recht der Beschaffenheit desselben entsprechen oder volkstümlich sein und kann deshalb nur durch den Staat entwickelt und gepflegt werden. Der Staat dient also dem Sittengesetz, ja er ist für die Herrschaft desselben über unser äußeres Leben absolut notwendig: er ist eine unbedingte Forderung des Sittengesetzes. Man begradiert ihn, wenn man ihn nur auf irdische Zwecke beschränkt: auch der Staat dient Gott. Er ist der eine Träger der von Gott selbst mit der Erschaffung der mensch-

---

[1]) Plato lib. 4. de Republica: „In ea civitate quae bene regitur justitia maxime invenitur; in ea vero civitate, quae pessime regitur, injustitia." S. Augustinus lib. 2. de Civit. Dei cap. 21.: „Nihil tam inimicum est civitati, quam injustitia; nec omnino, nisi magna justitia geratur, stare potest respublica. Vgl. Clem. Alex. lib. 4. Stromat. Die Inschrift über dem Wachthaus in der kaiserlichen Burg in Wien lautet: „Justitia est fundamentum regnorum."

lichen Natur gegebenen sittlichen Weltordnung. Alle Pflichten gegen den Staat verbinden uns sittlich und im Gewissen.[1]) Ist es aber die erste und höchste Aufgabe des Staates, dem Sittengesetz, welches sich im Rechte äußert, und damit dem Willen Gottes zu dienen, und besteht in dieser seiner sittlichen Notwendigkeit seine höchste Würde und sein größter Wert, so ist es auch **seine erste und höchste Pflicht, den Willen Gottes zu befolgen.**[2])

Pusendorf, Locke, Kant, Zachariae u. s. w. haben den Schutz und die Sicherheit der Rechte als ausschließlichen Staatszweck hingestellt. Nach dieser „Theorie des Rechtsgesetzes" ist der Staat nur eine Zwangsanstalt, das Recht zu verwirklichen. Diese Lehre hatte zu ihrer Zeit ein gewisses Verdienst, denn sie trat für die individuelle Freiheit ein und protestierte gegen das bevormundende Polizeiregiment des despotisme éclairé, aber sie ist und bleibt eine Einseitigkeit, „weil die Herstellung eines geordneten Rechtszustandes zwar die erste und unabweisliche, keineswegs aber die einzige Bedingung eines vernünftigen, socialen Gesamtlebens ist. Indem noch in vielen anderen Dingen, als in den Rechtsverletzungen, Hindernisse der vernünftigen menschlichen Entwicklung liegen, welche nur durch vereinte Kräfte

---

[1]) Leo XIII. in der Encyklika Diuturnum illud vom 29. Juni 1881.
[2]) Leo XIII. a. a. O.: „Ad Romanos . . . Pauli est excelsa et plena gravitatis sententia: Non est potestas nisi a Deo; ex quo tamquam ex caussa illud concludit: Princeps Dei minister est (ad Rom. XIII., 1, 4.). . . . Ut autem justitia retineatur in imperio illud magnopere interest, eos qui civitates administrant intelligere . . . procurationem reipublicae ad utilitatem eorum, qui (politicae potestati) commissi sunt, geri oportere. Principes a Deo optimo maximo, unde sibi auctoritas data, exempla sumant: ejusque imaginem sibi in administranda republica proponentes, populo praesint cum aequitate et fide et ad eam, quae necessaria est, severitatem paternam caritatem adhibeant." Vgl. die Encyklika Immortale Dei vom 1. November 1885.

besiegt werden können, wie in Angriffen von außen, in feindlichen Naturgewalten, in Unerfahrenheit und Roheit der Bevölkerung, so muß der Staat, da er auf einer Forderung der Vernunft beruht, auch alles übrige, was einer vernünftigen Entwicklung entgegensteht, beseitigen und alle Bedingungen einer vernunftgemäßen und humanen Koexistenz fördern und pflegen."[1]) Darum hat der Staat durch erzwingbare Gebote und äußere Anstalten für alle Interessen unseres äußeren Lebens einzutreten, insofern dieselben gemeinsam sind und nicht durch die bloße Privatthätigkeit erreicht werden können. Außer dem Recht gehören demnach zum Staatszweck noch Wohlstand und die ganze auf das äußere Leben gerichtete Bildung.

Man hat so viel über die Entstehung des Staates philosophiert. Zu unserer Verwunderung sahen wir auch Köpfe ersten Ranges hier Mühe und Öl verschwenden. Denn der Staat ist ein Abstraktum und ein solches wird nur gedacht, hat aber nicht das Dasein in der realen Wirklichkeit. Was nicht das Dasein hat, kann natürlich auch nicht zum Dasein gelangt oder entstanden sein. Die Frage nach dem Entstehen des ersten oder eines anderen, bestimmten Staates ist eine rein historische. Und will man untersuchen, welche Staatsformen den verschiedenen Entwicklungsstufen eines Volkes entsprechen, so giebt uns die Ethnographie den erwünschten Aufschluß. Sie zeigt uns, daß noch in der Gegenwart Völker aller Entwicklungsstadien nebeneinander existieren. Erst neulich soll ja in der Mitte Südamerikas ein Volk entdeckt worden sein, welches noch nicht einmal den Gebrauch der Metalle kennt, also noch in der Steinzeit lebt! — Die Logik sagt uns nur, daß der Urstaat nicht — wie Dahlmann, Politik §. 3 behauptet — die Urfamilie, sondern nur die

---

[1]) Schulze a. a. O., Bd. 1, S. 130.

Urgemeinde gewesen sein kann.¹) Da sich aber die Urgemeinde aus der Urfamilie mit Notwendigkeit entwickelt hat, denn »le désir de vivre en société est une loi naturelle«,²) so können wir den Staat für eine natürliche Folge der natürlichen Verhältnisse erklären. Mit dieser Erkenntnis wollen wir uns bescheiden.

Zu definieren ist der Staat als „die Vereinigung eines seßhaften Volkes zu einem organischen Gemeinwesen unter einer höchsten Gewalt und einer bestimmten Verfassung zur Verwirklichung aller Gemeinzwecke des Volkslebens, vor allem zur Herstellung der Rechtsordnung."³)

§. 12.
Die politische Notwendigkeit der Kirche.

Das klassische Altertum tritt uns in seinen Lebensanschauungen und Sitten, seinen Gesetzen und Institutionen wie eine ganz fremde Welt entgegen, für welche uns im ersten Augenblick alles Verständnis fehlt. Unwillkürlich drängt sich uns da die Frage auf: wie kommt es denn eigentlich, daß damals alles so ganz anders war wie bei uns?

Nur von einem Gesichtspunkte aus begreifen wir alle, auch die scheinbar seltsamsten Erscheinungen der alten Welt. Das Altertum hatte für die Totalität des menschlichen Lebens

---

¹) Montesquieu, de l'esprit des lois I, 3.: „La puissance politique comprend nécessairement l'union de plusieurs familles."
²) Montesquieu a. a. O.
³) So mein Lehrer Schulze a. a. O., Bd. 1, S. 121.

nur ein einziges Gemeinwesen. Daher das eigenartige Gepräge des antiken Lebens.

Es ist nun einmal offenbar, daß sich der Mensch nur innerhalb der Gesellschaft zu erhalten und zu entwickeln vermag. Auch damals schon war man sich dessen mit aller Klarheit bewußt. Noch mehr wie die Biene — sagt Aristoteles — ist der Mensch zum Anschluß an ein Ganzes genötigt. Nun gab es damals nur ein einziges Ganze, die πόλις oder respublica. Darum könne außerhalb der πόλις nur ein Tier oder ein Gott stehen; der Mensch sei schlechthin das ζῷον πολιτικόν und könne nur so seinen Lebenszweck erreichen (Aristoteles). Dieser bestehe in der Glückseligkeit, welche mit der vollkommenen Thätigkeit in einem vollkommenen Leben identisch sei (Aristoteles). Da nun — so schloß man ganz logisch — der Mensch die Bestimmung habe, vollkommen zu sein und dies nur innerhalb und vermittelst der πόλις möglich sei, so könne das bürgerliche Gemeinwesen nur die Aufgabe haben, das menschliche Leben zu einem vollkommenen und die Bürger zu guten Menschen zu machen. Dies war die Staatsauffassung des Plato, des Aristoteles, des ganzen klassischen Altertums; dies war auch — und hierauf müssen wir besonders hinweisen — die damals einzig mögliche Staatsauffassung; denn wenn es nur ein einziges Gemeinwesen giebt, so muß dasselbe die Totalität der menschlichen Zwecke, also nicht bloß die äußere, sondern auch und zwar ganz besonders die sittliche Vollkommenheit des Menschen als seine Aufgabe betrachten.

Der antike Staat war also eine Erziehungsanstalt (Plato), welche den Menschen nach allen Richtungen seines Daseins ausbilden sollte; er war nicht ein Staat im heutigen Sinne, sondern Staat und Kirche zugleich oder das sittliche Universum. Hiermit wurde die Religion zu einer bürgerlichen Sache und da sie nun ganz ausschließlich vom Staate gepflegt und entwickelt wurde, so mußte sie national werden¹) und infolgedessen ihre eigenen Grenzen an den Staatsgrenzen finden. So hatte im Altertum ein jedes Volk seine eigene Religion,²) und mit der Nationalität eines Menschen war regelmäßig auch schon sein Bekenntnis gegeben. Die Religion galt als ein Teil der Rechtsordnung.³) Wer den heimischen Göttern nicht dienen wollte, schien infolgedessen die Rechtsordnung zu verletzen, und ein Verbrecher oder Staatsfeind zu sein. Deshalb mußte ein Sokrates den Schierlingsbecher trinken, deshalb wurden die ersten Christen so furchtbar verfolgt.⁴) Natürlich mußten auch Ethik und Pädagogik als Teile der Politik oder Staatslehre gelten und jede Eigentümlichkeit der nationalen Anschauungen an sich tragen.

Da man nur innerhalb und vermittelst dieser Staatsgemeinschaft die Bestimmung des Menschen erfüllen (Plato) oder ein Mensch im vollen Sinne des Wortes sein konnte, so schien der einzelne nur auf Grund seiner Staatsangehörigkeit oder nur als Glied des Gemeinwesens Bedeutung zu

---

¹) Karthago z. B. hatte ursprünglich dieselbe Religion wie die Mutterstadt Tyrus. Sehr bald aber lieferte seine Geschichte auch eigene Götter: Dido und die Brüder Phaläni. Nach der Eroberung Siciliens kamen noch die sicilischen Gottheiten Ceres und Proserpina hinzu.

²) Cicero, Pro Flacco, c. 28.: „Sua cuique civitati religio est: nostra nobis."

³) Fr. 1. §. 2. D. 1. 1. de justitia et jure: „Publicum jus in sacris, in sacerdotibus, in magistratibus consistit."

⁴) Da das antike Gemeinwesen Staat und Kirche zugleich war, so war die christliche Kirche die direkte Negation des damaligen Staates. Infolgedessen war es auch unseren großen Lehrern unmöglich, sich mit demselben zu befreunden. Aus ihren scharfen, damals ganz richtigen Äußerungen — die man erst neulich wieder mit großem Fleiße zusammengetragen hat — schließen zu wollen, daß die Kirche auch jetzt noch mit dem Staate nicht sympathisiert, ist einfach unverständig. Denn es ist klar, daß sich das Verhältnis zweier Dinge ändern muß, wenn eines derselben sich wesentlich verändert.

haben und Geltung beanspruchen zu können; er war nur ein Accidens des Staates (Aristoteles) und an und für sich betrachtet ohne Wert.¹) Freiheit und Rechtsfähigkeit waren nicht angeborene Güter, die jedem einzelnen auf Grund seiner Menschenwürde unveräußerlich zustanden, sondern ein Ausfluß des Staates. Darum galt jeder Fremde als rechtlos und des commercium et connubium unfähig.²) Die Sklaven, d. h. die ungeheure Mehrzahl waren, wenn auch Menschen, so doch nicht Bürger und ebendeshalb ohne Recht und Schutz. Keine, selbst nicht die abscheulichste Handlung, welche man gegen sie beging, wurde als unsittlich oder strafbar angesehen; man schlägt sie an das Kreuz, auch wenn sie nichts verbrochen, denn den Sklaven gegenüber — so schmollt die römische Dame — »stat pro ratione voluntas«; man läßt sie, um ein bei aller Erschlaffung doch nervenerregendes Schauspiel zu haben, mit wilden Tieren oder auf Leben und Tod miteinander kämpfen, ja man mästet mit ihnen seine Muränen! Selbst ein Plato erklärt ihren Geist für unfähig des Edlen, und der Vater der Logik legt ihnen eine andere Art von Seele bei. Nur die Bürger sind frei und rechtsfähig, aber auch sie können eine capitis diminutio maxima erleiden und damit zu Sklaven oder Eigentumsobjekten werden.

Da der Mensch seinen ganzen Wert nicht in sich selbst, sondern im Staate hatte, so konnte er folgerichtig auch nur dem Staate, nicht aber sich selbst leben. Dies kam ihm auch gar nicht in den Sinn, er fühlte sich nur als Bürger:³) der Mensch hatte sich selbst verloren. Sein sittliches Streben galt nicht mehr der Welt in seiner Brust, sondern

---

¹) Walter a. a. O., S. 387; Weiß a. a. O., S. 159.
²) Cic off. 1. 12. 37.
³) Alzog, J., Handbuch der Universal-Kirchengeschichte, Mainz 1866, Bd. 1, S. 54.

nur noch der äußeren Ordnung. Als Tugend konnte nur die bürgerliche Brauchbarkeit oder jene Tüchtigkeit gelten, womit jeder einzelne sich dem Gesamtleben ganz und gar hingeben und dasselbe bilden helfen sollte.[1]) Damit wurde die Sittlichkeit zur bloßen Legalität, welche sich mit der Korrektheit des äußeren Handelns begnügt. Daß der Mensch aber auch seine Gesinnung veredeln, sein Herz umbilden, sein ganzes Innere vervollkommnen soll, ist eine Wahrheit, zu welcher sich das Altertum niemals erhob. Bei aller Urbanität im gesellschaftlichen Verkehr, bei der ganzen, wirklich bestrickenden Eleganz der Bildung in Hellas und Rom, bei allem oft so bewunderungswürdigen Heroismus in der Selbstaufopferung für das vaterländische Gemeinwesen,[2]) war man dennoch innerlich roh, glich man dennoch dem übertünchten Grab. Die Religion ließ das Innere des Menschen unberührt und vertrug sich mit jeder Unsittlichkeit jeder Art.[3]) Ihr Kultus bestand nur in äußeren Ceremonien, in leeren Gebräuchen und gehaltlosen Formen, welche — wie jedes Buchstabenwerk ohne den lebendig machenden Geist einer sittlichen Idee — alle denkenden Köpfe zum Spott herausfordern mußten. Das bekannte »Mirum quod haruspex cum viderit haruspicem non rideat« ist der echte Ausdruck der damaligen Religiosität. Es scheint uns cynisch, wenn Polybius die Geschichtschreiber entschuldigt, daß sie „Märchen erzählen, um Frömmigkeit unter der Menge zu erhalten", und die römischen Gesetzgeber verteidigt, daß sie „durch Erdichtung furchtbarer, unsichtbarer Götter das Volk im Zaume hielten,[4])" aber es ist uns begreiflich, daß zu Ciceros Zeiten

---

[1]) Walter a. a. O., S. 387.
[2]) Wir müssen offen anerkennen, daß der Patriotismus des Altertumes in vielen Fällen geradezu heroisch war. Dies ist der Lichtpunkt jener Zeit.
[3]) Weiß a. a. O.
[4]) Hist. VI. 56.

„kein altes Weib mehr an die Fabeln vom Tartarus und an die Freuden des Elysiums glauben mag." In seiner Politik hat das Altertum abgewirtschaftet, in seiner Religion wurde es bankrott. Als dann die Sittenlosigkeit in so breite Schichten des Volkes drang, daß die öffentliche Ordnung dadurch gefährdet wurde, suchte man ebendeshalb auch für die Moralität des privaten Lebens zu wirken. Nun ist es der Staatsgewalt unmöglich, moralische Vorschriften zu geben, da sie ja deren Befolgung nicht zu erzwingen vermag. Es fehlte also an einer genügenden Gesetzgebung für die innere Welt des sittlichen Gefühls, welche der äußeren, rechtlichen entsprochen hätte, und darum wies man, um nur überhaupt ein Vorbild und Muster zu haben, immer wieder auf die „gute, alte Zeit" und die »mores majorum« hin. Hierbei verkannte man ein Gesetz der geschichtlichen Entwicklung. „So wenig ein Erwachsener je wieder auf natürlichem Wege zum Kinde werden kann, so wenig liegt es im Bereich der Möglichkeit, die reflexionslose Sittlichkeit und die schlichte Naivetät der Kindheitsperiode eines Volkes in eine Zeit zurückzuführen, in welcher die Reflexion alle Unmittelbarkeit, alle unbewußte sittliche Einfalt zerbröckelt und vernichtet hat."[1]) Immer ist man der Sohn seiner Zeit und es gelingt so wenig, sich ganz und voll auf den Boden einer längstbegrabenen Vergangenheit zu stellen, daß man derselben auch beim besten Willen nur mit geteiltem Herzen gegenübersteht. Auch Aristophanes rühmte die altväterliche Einfachheit und spottete dann wieder über den altväterlichen Zopf.

Die Äußerlichkeit der antiken Moralität mußte für die ganze Lebenswürdigung und Lebensweise aller von maßgebender Bedeutung sein. Hier treten uns nun zwei Erscheinungen entgegen, welche sich scheinbar widersprechen und doch einander erklären. Zuerst jene „Lust am Dasein",

---

[1]) So Schwegler a. a. O., S. 37.

jene Freude am Leben, die manche unserer Dichter an jenem „holden Blütenalter der Natur" so hoch zu preisen pflegen. Es ist ja etwas Gutes daran. Das unschuldige Wohlgefallen an der uns umgebenden Welt, die dankbare Freude über die Güter, die wir von der Huld des Schöpfers empfangen haben, die glückliche Zufriedenheit mit unserem ganzen Dasein, welche jedem guten Menschen — er sei auch, wer er sei — schon hier auf Erden lohnt und ihm das Leben erst zum Leben macht, das alles sind Vorzüge, die auch uns nicht fehlen dürfen. Aber die Lebensanschauung des Altertums war doch eine wesentlich andere. Da man innere Güter gar nicht kannte und das Herz des Menschen sich doch an irgend etwas klammern muß, so erfaßte man mit aller Begierde jene äußeren Güter, welche unser Leben zu schmücken bestimmt sind.[1] Man kannte nichts Besseres als sie und ebendeshalb überschätzte man ihren Wert. Nur ihnen galt alles Dichten und Trachten.[2] Mit allem Raffinement, dessen man fähig war, suchte man den sinnlichen Lebensgenuß bis zu den äußersten Grenzen der menschlichen Genußfähigkeit zu steigern. Doch lassen wir das weitere, denn es ist zu wenig schön. Weil nur der möglichste Lebensgenuß als die richtige Lebensweise galt, so unterzog sich der wirtschaftlichen Arbeit nur, wer durch seine Verhältnisse dazu gezwungen war. Man scheute jede Anstrengung und da infolgedessen die große Masse der Bürger verarmte, so verlangte man

---

[1] Die erste Parallele von Heidentum und Christentum stammt aus dem Munde des Heilandes. Matth. 6, 31: „Saget nicht, was werden wir essen, was werden wir trinken oder womit werden wir uns kleiden? Denn nach allem diesem trachten die Heiden. . . . Suchet zuerst das Reich Gottes und seine Gerechtigkeit."

[2] Horaz, Ep. 1, 53: „Es predigt uns der Janus von oben bis unten vor: O Bürger, vor allem ist Geld zu verdienen. Die Tugend kommt nach dem Geld! Und diese Lehre sprechen jung und alt getreulich nach, die Rechenmarken und die Tafel am linken Arme tragend."

immer wieder vom Staate, was zum Leben notwendig schien: Panem et circenses! Die Arbeit galt als ein selbstausgestelltes testimonium paupertatis und war deshalb verachtet. „Müßiggang und Arbeitsscheu ist ein Merkmal der alten Welt. Darin stimmen die Inder mit den Persern, Skythen und den Thrakern, Lydern und Ägyptern und diese mit den Griechen und Römern überein. Die beiden letzteren Völker haben für Arbeit ein Wort, das ebenso wie Arbeit auch Not, Elend, Mühsal und Plage bedeuten kann. Arbeiter und Handwerker galten selbst einem Aristoteles als unwürdig des Bürgerrechts, als Leute ohne Adel der Gesinnung, ohne Empfänglichkeit für politische Tugend. Geist kann dabei nicht aufkommen, meint Cicero, also ist Arbeit nichts weiter, denn schmutziger Erwerb."[1]) Eine solche Anschauung muß, wie Périn[2]) treffend bemerkt, der Gesellschaft größere Nachteile bringen, als selbst die Sklaverei in ihren schlimmsten Gestaltungen."[3]) Da es nun andererseits eine

---

[1]) So Weiß a. a. O., S. 163.

[2]) Vom Reichtume, 1866, Bd. 1, S. 187 ff.

[3]) Die wirtschaftliche Arbeit hat einen so hohen Wert für den Staat, daß sie des „Bürgers Zierde" (Schiller) genannt werden muß. Das Altertum lebte und webte nur für das Gemeinwesen und hat dennoch diese so naheliegende Wahrheit nicht erkannt. Nicht nur bei den Individuen, sondern auch bei den Völkern wird eben das Denken durch die Sinnesrichtung beeinflußt. Übrigens muß man selbst den Römern, welche doch in Gesetzgebung und Verwaltung sonst so vortrefflich waren, den Vorwurf machen, daß sie in der Nationalökonomik überraschend wenig geleistet haben. Ihr Pfandrecht z. B. ist die Freude jedes Juristen, aber ökonomisch ist es das unpraktischste Zeug der Welt und es ist ein reines Glück, daß wir bei der Reception ihres Rechtes diese Partie einfach über Bord geworfen haben. Freilich sind auch wir nicht zum vollen Ausbau unserer prächtigen „Gewere" gelangt. — Wenn übrigens Tacitus in seiner Idylle — nur dieses ist seine Germania — den Römern erzählt, daß auch die Deutschen die Arbeit in Haus und Feld für schimpflich hielten und den Sklaven überließen, so mag er uns wohl eine römische Anschauung imputiert haben. Gerade aus Tacitus und Cäsar führt der

ewige Wahrheit ist, daß das Herz des Menschen niemals in jenen äußeren Gütern, sondern nur in der eigenen Vollkommenheit seine Befriedigung finden kann,¹) so mußte das Altertum, obwohl es unter Palmen wandelte und durch die bezaubernde Pracht der südlichen Natur zu einem frohen Lebensgenuß eingeladen wurde, sich schließlich doch vom Leben unbefriedigt fühlen und einer trauernden Resignation anheimfallen.²) Es klagt schon Homer: „Nichts anderes wohl ist jammervoller auf Erden, als der Mensch von allem, was Leben haucht und sich regt."³) Sokrates erklärt seinen Richtern, niemand wisse, ob nicht der Tod für einen jeden Menschen das größte aller Güter sei,⁴) und der Satz: Das beste ist, nicht geboren werden, dann aber gleich das Nächste, möglichst bald zu sterben, kehrt immer wieder.⁵) Während unser viertes Gebot ein langes Leben als Belohnung verheißt, weiß die griechische Gottheit auf das flehende Gebet einer Mutter kein anderes Glück für deren Söhne, als plötzlichen Tod. Bei allem Glanz in Memphis, Athen und Rom ging ein tiefes Weh durch die Menschheit.

---

hochverdiente Nationalökonom Hanssen (G. Agrarhistorische Abhandlungen, Leipzig 1880, Bd. 1, S. 90) den Nachweis, daß „bei den Germanen die Genossen einer Feldmark die Äcker gemeinschaftlich bestellt und geerntet haben".

¹) S. Augustin. de Spiritu et Anima, cap. 14.: „Tantae dignitatis est humana conditio, ut nullum bonum praeter summum bonum ei sufficere possit."

²) Sollte nicht auch der Pessimismus unserer Tage darauf zurückzuführen sein, daß man den Schwerpunkt nicht auf die inneren, sondern die äußeren Güter legt? Durch diese läßt sich innere Leere niemals verdecken. Wer nur nach außen strebt, muß sich vom Leben unbefriedigt fühlen, denn der Schwerpunkt des Menschen liegt nun einmal in seiner Brust.

³) Ilias 17, 446 und Odyssee 18, 130.
⁴) Plato, Apol. Socr. 32.
⁵) Lasaulx, Studien des klassischen Altertumes, S. 485 ff.

Da der Mensch als solcher keinen Wert hatte, so mußte auch die wahre Selbstachtung fehlen. Das Hochgefühl, ein Träger der Menschenwürde zu sein, war dem Altertum fremd.[1]) So weit vergaß sich der Herr der Erde, daß er Naturkräfte, ja in Ägypten selbst Tiere göttlich verehrte. »Civis Romanus sum« war das stolzeste Wort, dessen man fähig war. Die Ehre galt nicht als der Reflex des sittlichen Wertes, sondern als die Anerkennung der Rechtsfähigkeit und darum war auch sie ein Ausfluß des Staates. Wenn sich auch Marcellus weigerte, den Tempel des Ruhmes zu betreten, bevor er nicht in dem Tempel der Virtus geopfert, so verstand er doch unter dieser nur die Tapferkeit vor dem Feinde. Da nur der Wert des Menschen die Nächstenliebe ermöglicht, so hat selbst diese dem Altertum gefehlt. Nirgends, auch nicht bei den zweifellos besten Vertretern der klassischen Zeit vermögen wir auch nur eine Spur von der Tugend und Pflicht der Nächstenliebe zu entdecken.[2]) Mit=

---

[1]) Dem Triumphator mußte ein Sklave fortwährend zurufen: „Bedenke, daß du ein Mensch bist." Unsere Kirche ruft dem Papste bei der Krönung zu: „Sic transit gloria mundi." Dieser Unterschied in dem Ausdrucke desselben Gedankens ist bezeichnend.

[2]) Weiß a. a. O., S. 182. Epiktet, die Blüte der „stoischen Philanthropie" lehrte (Manuale 11. diss. 3. 3.), daß der Weise nur für sich selbst sorgen solle. Wir finden sie nur ein einziges Mal erwähnt. Lucian nennt sie im Tode des Peregrinus ein — Hirngespinst. Das Judentum hatte schon dieses Gebot (3. Mos. 19, 17, 18; Tob. 4, 16; Job 31, 29, 32; Sir. 10, 6; Sir. 25, 1, 2), aber obwohl (3. Mos. 19, 34) ausdrücklich geschrieben war: „Liebet den Fremdling wie euch selbst," so debattierten doch zur Zeit des Heilandes die Gesetzlehrer darüber, ob der Jude dem Heiden oder Samariter Erbarmen zeigen dürfe. Vgl. Reischl, Die heiligen Schriften zu Luk 10, 29. Es war also auch in dem Juden der Mensch durch den Bürger erdrückt worden. Erst das Christen= tum hat uns in diesen rein menschlichen Beziehungen von den nationalen Schranken befreit und so das Menschentum vor dem Volkstume gerettet. Guizot, L'église et la société chrétiennes, chp. 14.: „Le christia- nisme a fait deux choses également grandes et nouvelles. Il a

leib und Erbarmen, Almosen und gute Werke, Krankenhäuser[1]) und Wohlthätigkeitsanstalten waren unerhört. Wenn ein Gladiator besiegt auf der Arena lag und um sein Leben bittend die Hand erhob, so war es regelmäßig das fühlende Weib, das zarte Geschlecht, welches den Todesstoß verlangte. Da der Staat die Verkörperung alles Sittlichen war, so mußte der Haß gegen den gemeinsamen Feind als höchste Tugend gelten.[2]) In dem furchtbaren: »Vae victis« fand die damalige Kriegsführung ihren präcisen Ausdruck. Während der triumphierende Feldherr in dem weltberühmten Tempel des Jupiter Capitolinus mit der ganzen, wirklich vornehmen Pracht des antiken Priestertums sein Opfer darbrachte, wurden wenige Schritte davon die gefangenen Heerführer des geschlagenen Feindes vom tarpejischen Felsen herabgestürzt, um in den Lanzen der jauchzenden Legionäre ihren Tod zu finden. Wie unmenschlich auch uns dies erscheint, so wurde doch damals eine Forderung des sittlichen Gefühls damit erfüllt. Die Humanität war dem Altertum unmöglich.[3]) Der Horizont war noch zu eng, denn er ging nicht über die Landesgrenze hinaus. Daß die ganze Menschheit eine natürliche und geistige Einheit bildet, daß jeder Mensch der Erde ein Träger der gleichen Menschenwürde ist und darum auch den gleichen Anspruch auf Recht und Liebe

---

placé la simple qualité d'homme en dehors et au-dessus de toute circonstance accidentelle et locale, en dehors et au-dessus de la nationalité comme de la condition sociale. Selon la foi chrétienne l'étranger est un homme et possède les droits inhérents à la qualité d'homme aussi bien que le compatriote."

[1]) Ein Plato verlangt, daß Kranke nicht ernährt und gepflegt werden. Die zwölf Tafeln gebieten ausdrücklich die Tötung verkrüppelter Kinder.

[2]) Stein a. a. O., S. 377.

[3]) Montesquieu, Considérations sur les causes de la grandeur des Romains et de leur décadence, Leipzig 1871, S. 105.

hat, das sind Lehren, für welche man damals noch nicht reif war. Allerdings erhob sich die Stoa zu der Idee des Kosmopolitismus.¹) Ihr Satz: Für den Blick des Weisen falle jeder Unterschied von Römer und Barbar, von Freien und Sklaven hinweg, kann unser Gefühl und Denken nur anheimeln und erinnert uns sogar an die heilige Schrift. Dennoch traf auch sie nicht das Richtige. Sie opponierte zwar gegen die absolute Herrschaft des Nationalen, aber in dieser Opposition — was überhaupt ihr Verhängnis gewesen zu sein scheint — ging sie zu weit und verfiel dem gerade entgegengesetzten Irrtume. Sie erkannte die innere Gleichheit aller Menschen, aber anstatt auf Grund derselben ein Gemeinwesen für das innere Leben aller Menschen der Erde zu fordern, da ignorierte sie die Ungleichheit im äußeren Leben, den Unterschied von Land und Leuten, die Berechtigung der Nationalität. Denn sie verwarf die Trennung der Menschen in einzelne Völker und Staaten: das ganze Menschengeschlecht solle Eine große Gemeinschaft mit gleichen Gesetzen und Sitten bilden.²) Während also das ganze klassische Zeitalter das Menschentum verkannte, verkannte die Stoa das Volkstum. Dort die Scylla, hier die Charybdis: in der Mitte allein die Wahrheit und diese bringt zuerst in der Weltgeschichte das Christentum zum vollen Ausdruck.³)

Es ist ein wirklich trauriges Bild, das die Geschichte des Altertums dem Menschenfreund entrollt. Und die Ursache? Es gab nur ein einziges Gemeinwesen, das nationale; dieses mußte nicht bloßer Staat, sondern Staat und

---
¹) Seneca, De tranquillit. animi, cap. 3.: „Patriam nobis mundum professi sumus."
²) Schwegler a. a. O., S. 112.
³) Es ist also nicht wahr, daß die Ideen der Stoa dem Christentume wie eine reife Frucht in den Schoß fielen.

Kirche zugleich sein und vermochte doch nicht, diese doppelte Aufgabe zu lösen. Nur deshalb also seufzte das Menschengeschlecht durch Jahrtausende hindurch unter einem unerhörten Druck, weil es keine — Kirche gab.

Vielleicht wird man dies bestreiten. Den roten Faden der gesetzmäßigen Entwicklung oder geschichtlichen Notwendigkeit, welcher sich durch alle Lebensäußerungen des Altertums hindurchzieht und sie zu einem begreiflichen und einheitlichen Ganzen vereinigt, wird man übersehen, und jenen Kausalnexus, auf welchen wir hinweisen, leugnen wollen. Immerhin! Es steckt ja noch mancher Pfeil in unserem Köcher. Aber wir können doch einmal die Probe für die Richtigkeit unserer Gedankenrechnung machen.

Wenn nämlich unsere Anschauung die richtige ist, so müssen auch jetzt noch dort, wo die Kirche fehlt, dieselben Erscheinungen zu Tage treten, welche das Altertum geboten hat.

Dies ist der Fall.

Auch jetzt noch giebt es antike Staaten, wie seltsam dies auch klingen mag. Der Islam, der doch erst ein halbes Jahrtausend nach dem Christentum in die Welt trat, hat die große, durch die Gründung der Kirche gegebene Lehre nicht verstanden. Seine Gebilde sind nachgeborene Kinder einer längstvergangenen Zeit, denn sie sind — wie im Altertum — Staat und Kirche zugleich. Der Koran gilt als Bibel und Gesetzbuch; Sultan und Schah sind nicht bloß weltliches, sondern auch geistliches Oberhaupt. Als Bürger gilt nur, wer die Religion des Islam bekennt. Jede Aufwallung des Patriotismus zeigt sich fanatisch und führt oft genug zu einer Niedermetzelung der Andersgläubigen. Der Staat ist das sittliche Universum, folglich ist jeder Krieg ein heiliger Krieg, in welchem mitzustreiten die höchste Pflicht und das größte Verdienst des Muselmannes ist, der eben dadurch auch das Paradies gewinnt. Nicht durch Belehrung, sondern durch das Schwert bekehrt der Islam; sein Palladium ist die Kriegsfahne des Propheten. Wie im Altertum, so tritt uns auch hier eine traurige Nichtachtung der angeborenen Menschenwürde entgegen. Wir finden die Sklaverei, das Eunuchentum und jenes Haremsleben, durch welches das Weib so tief erniedrigt wird. Auch hier ist die Rechtsfähigkeit nur ein Ausfluß des einen bürgerlichen und religiösen Gemeinwesens, weshalb für die Christen, deren Zeugnis gegen einen Muselmann keine gerichtliche Geltung hat, eine eigene Gerichtsbarkeit den europäischen Konsuln eingeräumt werden mußte. Auch die Religion des Islam erschöpft sich in bloßen Äußerlichkeiten. Auf die wichtigsten Sittengesetze legt sie nicht den mindesten Nachdruck. Im türkischen Katechismus steht kein Wort von eigentlicher Ethik, nichts, was an die zehn Gebote erinnerte, nirgends die Vorschrift: Du sollst ein ehrlicher Mann sein, keine Silbe von Menschenliebe und Humanität, nur der endlose Krimskrams der Formelsrömmigkeit und als einziges Kapitel, das sich auf menschliche Pflichten bezieht, die Lehre vom heiligen Kriege. Auch hier muß man sich mit dem Hinweis auf die altväterliche Sitteneinfalt, auf die mores majorum begnügen. Daß auch die Lebensauffassung des Muselmannes eine durchaus sinnliche ist, beweist sein Serail und sein Paradies. Darum finden wir auch die antike Resignation wieder in der Form der fatalistischen Apathie.

Also ganz dieselben Erscheinungen beim Islam wie im Altertum, trotz aller Verschiedenheit von Zeit und Ort. Sollte nun dies ein bloßer Zufall sein? Nein![1]) Das be-

---

[1]) Leo XIII. in der Encyklika Inscrutabili Dei consilio vom 21. April 1878: „Utinam autem salutaris haec (Sedis Apostolicae) auctoritas neglecta nunquam esset vel repudiata! Profecto ... neque regna olim florentissima, e prosperitatis culmine dejecta, omnium aerumnarum pondere premerentur. Cujus rei exemplo etiam sunt Orientales populi, qui abruptis suavissimis vinculis,

weist uns die Logik von — Hegel. Dessen Doktrin, welche auch noch in unsere Tage ihre trüben Schatten wirft, hat das Meisterstück fertig gebracht, eine fast zweitausendjährige Entwicklung der civilisierten Menschheit zu — übersehen. Sie hat wiederum die antike Staatsauffassung zur Geltung bringen wollen und „die Verwirklichung der sittlichen Idee" als den Staatszweck erklärt. Nach den Gesetzen der Logik zieht sie hieraus ihre Konsequenzen und diese sind eine unnatürliche Allmacht des Staates[1]) und eine vollkommene Nichtachtung des Individuums, welches ja „nur im Staate Wahrheit und Sittlichkeit besitzt". Dies aber ist das Altertum in nuce.[2])

Es ist also wahr, daß das bürgerliche Gemeinwesen nicht das sittliche Universum sein kann. Allerdings hat auch der Staat mit dem Sittengesetz zu schaffen, denn es ist unleugbar, daß er das Recht durchzuführen hat, und es ist eben so unleugbar, daß das Recht die eine der zwei Äußerungen des Sittengesetzes ist. Das ist der richtige Kern der antiken Staatsauffassung. Doch nur unser äußeres Leben hat der Staat zu entwickeln; dessen Totalität ist sein Zweck und sein Reich. Darum hat er auch das Sittengesetz nur insofern durchzuführen, als es das äußere Leben betrifft:

---

quibus cum Apostolica hac Sede jungebantur, primaeve nobilitatis splendorem, scientiarum et artium laudem, atque imperii sui dignitatem amiserunt."

[1]) Die Idee des Staates ist ihm „der wirkliche Gott"; der Staat ist „göttlicher Wille, als gegenwärtiger, sich zur wirklichen Gestalt und Organisation einer Welt entfaltender Geist".

[2]) Schwegler a. a. O., S. 298: „In seiner Fassung des Staates neigt sich Hegel überwiegend zur antiken Staatsidee, welche das Individuelle, das Recht der Besonderheit gänzlich im Staatswillen aufgehen ließ. Die Omnipotenz des Staates im antiken Sinne hält Hegel vorwiegend fest."

nicht die Moral, sondern das Recht gehört zu seinem Zweck. Die Moral ist und bleibt nun einmal das Gesetz des allgemeinen, inneren Menschentums. Ihre Durchführung ist eine Aufgabe, für welche nur die ganze Menschheit kompetent ist, niemals aber ein Gemeinwesen, welches der Ausdruck des Volkstums ist und es nur mit dem Bürger, nicht aber mit dem Menschen zu thun hat. Außerdem kann der Staat nur durch erzwingbare Gebote und äußere Einrichtungen wirken und für diese ist das Innere des Menschen unzugänglich. Man verlangt von ihm geradezu Unmögliches, wenn er auch die sittliche Welt unserer Seele ordnen soll. Man zwingt ihn damit, sein eigenes Wesen preiszugeben, denn er wird zum Zwitter, genügt dann in keinerlei Weise und vermag dann auch seine eigentliche und wirkliche Aufgabe nicht mehr zu lösen. „Wo die Scheidung von Recht und Religion, von Staat und Kirche noch nicht vollzogen ist, da geht der Mensch im Bürger unter, da ist jede freiheitliche und verfassungsmäßige Entwicklung der Völker unmöglich." [1])

Darum ist die Kirche eine politische Notwendigkeit. Sie ist die großartigste Teilung der Arbeit und eine Fortbildung des Gesellschaftsgedankens von so hoher Bedeutung, daß das ganze Heil der Menschheit durch sie bedingt wird. Erst durch die Teilung der Gesellschaft in Staat und Kirche wird dem Menschen die persönliche Rechtsfähigkeit, die Freiheit,[2]) die echte Sittlichkeit, die Humanität[3]) und das

---

[1]) So Schulze, H., System des deutschen Staatsrechtes, Leipzig 1865, Bd. 1, S. 134.

[2]) Leo XIII. in der Encyklika Inscrutabili Dei consilio vom 21. April 1878: „(Ecclesia) servitutis calamitate sublata ad pristinam naturae nobilissimae dignitatem homines revocavit."

[3]) Leo XIII. a. a. O.: „Apostolica Sedes fax amica fuit, qua humanitas christianorum temporum effulsit."

wahre Lebensglück,¹) den Völkern aber eine frei=
heitliche²) und verfassungsmäßige³) Entwicklung er=
möglicht.⁴) Darum ist die Gründung der Kirche

¹) Leo XIII. in der Encyklika Arcanum divinae sapientiae vom
10. Februar 1880: „Etenim christiano rerum ordine semel condito,
hominibus singulis feliciter contigit, ut ediscerent atque adsuescerent in paterna Dei providentia conquiescere, et spem alere, quae non confundit, caelestium auxiliorum; quibus ex rebus fortitudo, moderatio, constantia, aequabilitas pacati animi, plures denique praeclarae virtutes et egregia facta consequuntur. Societati vero domesticae et civili mirum est quantum dignitatis, quantum firmitudinis et honestatis accesserit. Acquior et sanctior effecta principum auctoritas; propensior et facilior populorum obtemperatio; arctior civium conjunctio; tutiora jura dominii. Omnino rebus omnibus, quae in civitate habentur utiles, religio christiana consuluit et providit; ita quidem, ut, auctore S. Augustino, plus ipsa afferre momenti ad bene beateque vivendum non potuisse videatur, si esset parandis vel augendis mortalis vitae commodis et utilitatibus unice nata."

²) Leo XIII. in der Encyklika Immortale Dei vom 1. November 1885: „Honestam et homine dignam libertatem Ecclesia . . . ut tueretur in populis firmam atque integram, eniti et contendere nunquam destitit."

³) Leo XIII. in der Encyklika Diuturnum illud vom 29. Juni 1881; „Ecclesia quippe est, quae caritate praeeunte mansuetudinem animis impertiit, humanitatem moribus, aequitatem legibus: atque honestae libertati nuspiam inimica tyrannicum dominatum semper detestari consuevit. Hanc, quae insita in Ecclesia est, bene merendi consuetudinem paucis praeclare expressit sanctus Augustinus: Docet (Ecclesia) reges prospicere populis, omnes populos se subdere regibus: ostendens quemadmodum et non omnibus omnia, et omnibus caritas, et nulli debeatur injuria (de morib. Eccl. lib I. cap. 30.)."

⁴) Der heilige Geist unserer Kirche hat „das Antlitz der Erde er=
neuert". Leo XIII. in der Encyklika Arcanum diviuae sapientiae vom 10. Februar 1880: „Revera . . . Christus Dominus . . . continuo novam quandam formam ac speciem rebus omnibus impertiit, vetustate depulsa. Encyklika Inscrutabili Dei consilio vom 21. April 1878: „Ecclesia . . . ubique hominum genus privatim

auch politisch eine weltgeschichtliche That, der keine zweite an die Seite zu setzen ist. Wenn der Heiland auch nur ein Moses oder ein Gautama gewesen wäre, so hätte man dennoch eine neue Ära datieren müssen, denn hier ist der Markstein in der Entwicklung des menschlichen Geschlechtes.

§. 13.
Die Kirche pathologisch notwendig und als Forderung der menschlichen Freiheit.

Die Psychologie zeigt, daß der Mensch den Glückseligkeitstrieb in sich hat und daß dieser Trieb der Motor alles menschlichen Thuns und Lassens ist.[1]) Darum muß auch die menschliche Gesellschaft der menschlichen Glückseligkeit dienen. Nun ist die Glückseligkeit ohne innere Vollkommenheit des Menschen undenkbar.[2]) Folglich muß die menschliche Gesellschaft die innere Vollkommenheit der Menschen herbeizuführen streben. Dies aber kann sie nicht in der Form des bürgerlichen Gemeinwesens,[3]) sondern nur in der Form der Kirche. So ist die Kirche zum wahren Lebensglück des Men-

---

et publice excoluit, a squalore vindicavit et ad vitae formam, humanae dignitati ... consentaneam, omni studio composuit. ... Pontificum Maximorum laus est, quod constantissime se pro muro et propugnaculo objecerint, ne humana societas in ... barbariem antiquam relaberetur."

[1]) Vgl. §. 2.
[2]) Vgl. §. 2.
[3]) Vgl. §. 12.

schen notwendig[1]) und eine Forderung unseres unüberwindlichen Glückseligkeitstriebes.

Das Wesen der Freiheit ist, nur durch sein eigenes Selbst bestimmt zu werden.[2]) Soll also der Mensch wirklich frei sein, so muß er sich vor allem nach seinem Menschentum bestimmen und entwickeln können. Da nun die Gesellschaft unumgänglich notwendig ist,[3]) und sich der Mensch in der einen Form derselben, in dem bürgerlichen Gemeinwesen nur nach seinem Volkstume bestimmen und entwickeln kann, so muß es noch eine andere Form der Gesellschaft geben, die es dem Menschen ermöglichen soll, ein echter und rechter Mensch zu sein. Nur dort, wo sich die Gesellschaft in Staat und Kirche teilt, kann der Mensch voll und ganz nach seinem Selbst, d. h. in Freiheit leben. **Die Kirche ist (ebenso wie der Staat) eine Forderung der menschlichen Freiheit.**[4])

---

[1]) Leo XIII. in der Encyklika Immortale Dei vom 1. November 1885: „Immortale Dei miserentis opus, quod est Ecclesia, quanquam per se et natura sua salutem spectat animarum adipiscendamque in caelis felicitatem, tamen in ipso etiam rerum mortalium genere tot ac tantas ultro parit utilitates, ut plures majoresve non posset, si in primis et maxime esset ad tuendam hujus vitae, quae in terris agitur, prosperitatem institutum." Vgl. Encyklika Arcanum divinae sapientiae vom 10. Februar 1880.

[2]) Vgl. §. 5.

[3]) Vgl. §. 10.

[4]) Leo XIII. in der Encyklika Aeterni Patris vom 4. August 1879: „Aeterni Patris Unigenitus Filius magnum plane ac mirabile mundo contulit beneficium, cum ... Ecclesiam a se conditam communem et supremam populorum magistram reliquit. Homines enim, quos veritas liberaverat, veritate erant conservandi."

§. 14.

Die Kirche als unbedingte Forderung des Sittengesetzes. Ihre Kennzeichen.

Das Sittengesetz besteht in den unbedingten Forderungen der menschlichen Natur an das Wollen und Handeln des Menschen und muß, da unser Leben ein zweifaches, d. i. ein inneres und äußeres ist, auch einen zweifachen Ausdruck finden und dort als Moral, hier als Recht erscheinen. Nun ist es unbedingte Wahrheit, daß sich der Mensch nur innerhalb und vermittelst der Gemeinschaft zu entwickeln vermag. Da aber das bürgerliche Gemeinwesen nur unser äußeres Leben umfassen und damit auch nur hier das Sittengesetz durchführen kann, so wird für die sittliche Vervollkommnung unseres inneren Lebens, für die »sanctificatio animarum«[1]) noch ein anderes Gemeinwesen als unbedingt notwendig durch das Sittengesetz gefordert.

Nun ist Gott der Urheber des Sittengesetzes und der Grund für dessen Verbindlichkeit. Sein Wille ist der Maßstab unserer Pflichten und das eigentliche Motiv zum sittlichen Handeln;[2]) in der Ähnlichkeit mit Gott besteht die sittliche Vollkommenheit des Menschen.[3])

Wenn also die Kirche den Menschen sittlich vervollkommnen soll, so kann sie dies nur durch den fortwährenden Hinweis auf Gott. Wer von ihr verlangen wollte, daß sie die menschlichen Pflichten etwa aus einem Axiom logisch entwickeln und dann als Vernunftgebote predigen solle, der zeigt

---

[1]) Ephes. 3, 14: „Deshalb beuge ich meine Kniee vor dem Vater unseres Herrn Jesu Christi, daß er euch verleihe mit Kraft gestärkt zu werden durch seinen Geist am inneren Menschen." Röm. 6, 22.
[2]) Vgl. §. 4.
[3]) Vgl. §. 2.

sich damit alles Verständnisses für das innerste Wesen der Sittlichkeit bar.¹) Durch das Sittengesetz selbst ist die Kirche gezwungen, die sittlichen Forderungen deshalb und so zu stellen, weil und wie es Gott will. Wer einmal für das Kreuz der sittlichen Selbstbeschränkung kämpft, der kann dies nicht anders als unter dem alten Kampfrufe der Kreuzfahrer.

Schon aus diesem Grunde muß uns die Kirche das Dasein, das Wesen und das Wirken Gottes lehren. Das Dasein, denn sonst wäre unser sittliches Streben ohne Grund und Motiv; sein Wesen, sonst hätten wir kein Ideal, dem ähnlich zu werden, wir streben könnten; sein Wirken, denn nur durch dieses wird uns sein Wille indirekt in der Schöpfung oder direkt in der Offenbarung zur Kenntnis gebracht. Es ist also rein unmöglich, daß sich die Kirche auf die bloße Ethik beschränke; sie muß als Fundament ihrer Moral ein dogmatisches System besitzen. In dem Dogma lehrt sie, was Gott dem Menschen zulieb gethan, in der Moral, was der Mensch dafür seinem Gott zulieb thun soll. Der vielgeschmähte, weil vielverkannte „historische und statutarische Kirchenglaube" ist eine Notwendigkeit.

Nun liegt es in der Natur des Menschen, für sein Gefühl einen Ausdruck zu suchen. So genügt es uns nicht, die Liebe zu unseren Eltern bloß im Herzen zu haben; wir fühlen uns gedrängt, sie auch zu äußern in Wort und That. Ganz dasselbe gilt von unserer Verehrung und Liebe zu Gott. Dann ist der Mensch nicht bloß Geist, sondern auch sinnlich und deshalb muß die Religion, sofern sie unserem ganzen Wesen entsprechen und auf dasselbe wirken soll, auch einen sinnlichen Ausdruck finden. Die äußere Darstellung der inneren Religion nennen wir Kultus. Dessen Aufgabe ist es, uns zu Gott zu erheben und somit einerseits unserer

---

¹) Vgl. §. 4.

sittlichen Vervollkommnung, andererseits der Verehrung Gottes zu bienen.¹)

Durch Religionslehre und Kultus²) hat also die Kirche das Sittengesetz zur absoluten Herrschaft zu bringen über das ganze Denken, Fühlen und Wollen des Menschen. Da nun das Sittengesetz sich für unser inneres Leben als das Gesetz des reinen Menschentums zeigt, so ergeben sich ohne weiteres die notwendigen Eigenschaften oder Kennzeichen der Kirche und hier — dies konstatieren wir mit Vergnügen — befinden wir uns in Übereinstimmung mit Kant.

Ihrer Quantität nach — denn weshalb sollten wir die Kant'schen Kategorien nicht auch auf die Kirche anwenden können? — muß sie Allheit und Einheit besitzen. Denn als notwendige Societät muß sie alle umfassen, welche ihrem Zwecke gegenüber homogen sind.³) Nun ist es ihr Zweck, die Menschen sittlich gut, d. h. zu echten und rechten Men= schen zu machen; sie ist ja selbst der Ausdruck des reinen Menschentums. Da aber alle Menschen der Erde als solche einander gleich sind, so muß sie auch für alle Menschen der Erde bestimmt sein und alle ohne Ausnahme in sich zu vereinigen streben. Es wäre durchaus falsch, die Kirche auf ein bestimmtes Volk beschränken zu wollen, und wie sehr auch jeder verständige Mensch die vollste und reichste Entwicklung des nationalen Lebens wünschen muß, so wäre doch eine Nationalkirche ein Widerspruch in sich selbst. Die Welt= kirche ist das Ideal der fortschreitenden Menschheit.⁴)

---

¹) So hat der Kultus eine symbolische, ethische und mystische Seite.

²) Mit dem Nachweis, daß die Kirche selbständig ist und darum ebenso wie der Staat Gesetzgebung, Verwaltung und Gericht hat, ergiebt sich ein drittes Mittel für das kirchliche Wirken: die Handhabung der Disciplin. Über den Zweck derselben vgl. S. Isid. Hisp. de Sum. bono, cap. 51. sent. 4.

³) Vgl. §. 10.

⁴) Leo XIII. in der Encyklika Immortale Dei vom 1. November

Ob aber die Kirche auch thatsächlich alle umfaßt, ist hier von keiner Bedeutung; es genügt, wenn sie in ihrer Lehre und Einrichtung nach Einer Herde unter Einem Hirten strebt. Wenn sie alle Menschen der Erde vereinigen oder überall dieselbe sein soll, so muß sie auch überall dieselbe Lehre, denselben Kultus und denselben organischen Verband aufweisen oder mit Einem Worte: einheitlich sein. — Diese Grundsätze müssen — denn was dem einen recht ist, ist dem anderen billig — auch auf den Staat ihre Anwendung finden. Auch er kann nur diejenigen umschließen, welche seinem Zweck gegenüber homogen sind. Sein Zweck ist die Entwicklung des äußeren Lebens. Darum kann er nur diejenigen vereinen, welche hierin einander gleich sind, d. h. also „dieselben Leute desselben Landes". Aus ein und demselben Grunde fordert die Logik von der Kirche, daß sie katholisch, von dem Staate, daß er national sei.[1]) Jedes Weltreich ist eine Mißbildung und trägt in sich den Keim zum Zerfall.

Die Relation der Glieder untereinander beruht in der Kirche ebenso wie im Staate auf dem Princip der Freiheit. Denn da Moral und Recht, Kirche und Staat Forderungen der menschlichen Freiheit sind, so muß auch das Verhältnis der einzelnen in Staat und Kirche zu einander, wie zur Gesamtheit ein freiheitliches sein. Hieraus folgert nun Kant,

---

1885: „Sicut Jesus Christus in terras venit ut homines vitam habeant et abundantius habeant (Joan. X. 10.), eodem modo Ecclesia propositum habet, tamquam finem, salutem animorum sempiternam: ob eamque rem talis est natura sua, ut porrigat sese ad totius complexum gentis humanae, nullis nec locorum nec temporum limitibus circumscripta." Encyklika Sancta Dei civitas vom 3. Dezember 1880: „Ecclesia hanc habet vim a Conditore suo inditam, ut in dies magis dilatet locum tentorii sui et pelles tabernaculorum suorum extendat (Is. 54, 2.)."

[1]) Eigentümlicherweise schwärmt Bluntschli a. a. O. für den Weltstaat ganz wie die — Stoa!

daß die Kirche ein Freistaat sein müsse, keine Hierarchie, keine Demokratie, sondern eine freiwillige, allgemeine und fortdauernde Herzensvereinigung. Es ist ja natürlich, daß das Band, welches die Kirche zusammenhält, das der Liebe sein muß; nie und nimmermehr würde sie durch bloße Gewalt aufrecht erhalten werden können: auch liebt ja jeder gute Mensch sein Vaterland und seine Kirche, wie er seinen Vater und seine Mutter liebt.[1]) Aber wenn Staat und Kirche Forderungen der Freiheit sind und wenn beiden zur Behauptung ihres Seins eine bestimmte Regierung notwendig ist, so können wir auch nicht in der ordnungsmäßigen Thätigkeit ihrer Regierungsorgane eine Beschränkung der Freiheit sehen. Regiert man in der Kirche die Hierarchie, so muß man, um auf Konsequenz Anspruch machen zu können, auch im Staate die ganze Noblesse de l'epée et de la robe regieren. In Einem Punkte freilich müssen sich Staat und Kirche unterscheiden. Der Staat hat unser äußeres Leben zu ordnen und wendet darum auch äußere Mittel an, z. B. den Zwang. Die Kirche dagegen muß sich principiell auf innere oder geistliche Mittel stützen: ecclesia non sitit sanguinem. Eine vom Staat verhängte Strafe muß vor allem den Zweck haben, die durchbrochene äußere Ordnung wiederherzustellen. Die Kirchenstrafe dagegen muß die Gesinnung des Schuldigen bessern wollen oder eine poena medicinalis sein."[2]) Dort muß die gerechte Strenge des Vaters, hier die verzeihende Milde der Mutter herrschen: ihr Strafrecht muß ein ganz verschiedenes sein. — Da nur

---

[1]) Leo XIII. in der Encyklika Immortale Dei vom 1. November 1885: „Debent praeterea singuli Ecclesiam sic diligere, ut communem matrem: ejusque et servare obedienter leges, et honori servire, et jura salva velle: conarique, ut ab iis, in quos quisque aliquid auctoritatis potest, pari pietate colatur atque ametur."

[2]) In wirklich mustergültiger Weise ist dies in unserem Kirchenrechte ausgeführt.

das moralische Handeln ein wirklich freies ist, und vor allem der Zweck der Kirche dies verlangt, so muß die Qualität derselben in Lauterkeit oder Heiligkeit bestehen. Ihre Lehre und ihr Kultus müssen die sittliche Veredlung der Menschen nicht nur wollen, sondern auch wirklich herbeiführen. Jede kirchliche Lebensäußerung muß eine echt moralische Triebfeder haben und durchaus frei sein von dem „Blödsinn des Aberglaubens" und dem „Wahnsinn der Schwärmerei".

Der Modalität nach verlangt die Kirche Unveränderlichkeit in ihrer Lehre und Konstitution.¹) Die Religion ist das Verhältnis von Gott und Menschheit und da beide in ihrem Wesen unveränderlich sind, so muß es auch ihr Verhältnis sein. Wenn dann die Kirche der Ausdruck des inneren Menschentums und dieses zu allen Zeiten dasselbe ist, so muß auch sie durch alle Epochen der Weltgeschichte hindurch sich selbst wesentlich gleich bleiben. Hierin unterscheidet sie sich vom Staate. Der Staat ist der Ausdruck des äußeren Volkstums. Dieses verändert sich, wenn auch langsam und nach strengem geschichtlichen Gesetze, so doch fortwährend; in seinen verschiedenen Epochen bietet dasselbe Volk ein ganz verschiedenes Bild. Mit der alten Volksbeschaffenheit muß auch die alte Staatsform fallen. Es muß eine neue entstehen, denn der Staat ist und bleibt einmal vernunftnotwendig, aber diese muß eine ganz andere sein und den veränderten Volkszuständen durchaus entsprechen. Während die Kirche ein Felsen ist, den auch die Mächte der Unterwelt nicht zu stürzen vermögen, gleicht der Staat dem Phönix der Fabel, der nach jedem halben Jahrtausend sich selbst vernichtet, aber immer wieder verjüngt und verschönt aus der eigenen Asche entsteht, um von neuem den Flug zur Sonne zu wagen.

---

¹) Deshalb nennen wir sie apostolisch.

§. 15.

Der juristische Begriff der Kirche.

Vom Rechtsstandpunkte aus sehen wir[1]) die Kirche als ein organisches Gemeinwesen. Sie ist die Einheit der einzelnen Menschen, welche sie bilden, ein von diesen verschiedenes, wenn auch allen gemeinsames Wesen, eine höhere Gesamtpersönlichkeit mit einheitlichem und selbständigem Willen. Sie ist organisiert also nicht bloß eine mechanische Summe. In jedem Organismus sind die einzelnen Organe in ihrer Art für das Ganze thätig und erhalten dafür von diesem ihre Lebenskraft. So dient auch jeder Gläubige in seiner Weise der Kirche und erhält dafür von dieser den kirchlichen, heiligmachenden Geist, so daß er ein lebendiges Glied derselben bleibt. Je reger dieser Wechselverkehr ist, desto größer ist die Lebenskraft, desto energischer ist die Lebensäußerung, desto fruchtreicher ist die Wirksamkeit der Kirche.[2])

In diesem organischen Gemeinwesen sehen wir nicht alle

---

[1]) Die Kirche ist eben so sichtbar wie der Staat. Mit einer unsichtbaren Kirche hätte der Jurist nichts zu thun.

[2]) Unter allen Religionen der Erde ist nur eine einzige zu einer vollendeten Kirchenbildung gelangt. Diese einzige ist das Christentum. Die Schöpfungen des Islam sind — vgl. §. 12 — nicht Kirchen, sondern Staat und Kirche zugleich. Der Buddhaismus bietet trotz der halben Milliarde seiner Bekenner nur eine „rudis indigestaque moles" von kirchlichen Elementen und entbehrt der organischen Einheit. Alle anderen Religionsgesellschaften sind über die bloße Gemeindebildung nicht hinausgekommen. Wenn wir also auch mit Montesquieu (de l'esprit des lois, l. 25. ch. 9.) sagen müssen: „Nous sommes ici politiques et non pas théologiens," so können wir doch unter Kirche immer nur die christliche Kirche verstehen. Die Kirche ist historisch eine specifisch christliche Schöpfung und ist dies auch bis auf den heutigen Tag geblieben.

dieselbe Stellung einnehmen. Die einen lehren, die anderen hören; jene gebieten, diese folgen. Es giebt also ständig Obrigkeit und Untergebene. Das Verhältnis beider ist nicht ein willkürliches, sondern durch eine ganz bestimmte Verfassung normiert. Die Unveränderlichkeit derselben ist mit der Unveränderlichkeit der Kirche gegeben (Kant).

Von dieser Obrigkeit wird eine Gewalt ausgeübt. Da man in der Kirche für die sittliche Vervollkommnung gemeinsam thätig ist und jeder einzelne sittlich werden soll, so muß die Kirche eine zweifache Gewalt besitzen. Zuerst muß sie dieses gemeinsame Streben leiten; dazu braucht sie eine potestas jurisdictionis. Dann muß sie die Seele jedes einzelnen heiligen und hierzu muß sie eine potestas ordinis haben.[1]) Diese zweifache Gewalt der Kirche ist die höchste ihrer Art und unterscheidet eben dadurch die Kirche von einer Diöcese, einer Gemeinde, einem Orden. Ob aber die Kirchengewalt auch nach außen hin eine höchste oder durchaus selbständige ist, werden wir erst später zu untersuchen haben.

In dem rechtswissenschaftlichen Begriffe der Kirche muß auch der Zweck derselben seine Stelle finden. Denn Selbstzweck ist die Kirche ebensowenig wie der Staat: das ist nur Gott.[2]) Von den verschiedenen Zwecken der Kirche können auch nur diejenigen hier Berücksichtigung finden, welche innerhalb des Rechtshorizontes liegen. Nach Röm. 6, 22 und der übereinstimmenden Lehre aller[3]) ist der nähere Zweck der Kirche die »sanctificatio animarum«, der entferntere die »vita aeterna«.

Diese ihre Zwecke sucht die Kirche durch die Lehre und den Kultus ihrer Religion zu erreichen. Ob eine bestimmte

---

[1]) Vgl Kardinal Camillo Tarquini, Jur. Eccles. Publ. Inst. Romae 1868. p. 3.
[2]) Vgl. §. 1.
[3]) Tarquini a. a. O., S. 2.

Konfession die wahre ist, ist vom Rechtsstandpunkte aus nicht zu untersuchen.

Fassen wir diese Momente zusammen, so ist die Kirche juristisch ein organisches Gemeinwesen mit höchster Gewalt und unveränderlicher Verfassung zu dem Zwecke, die Menschen durch die Religion innerlich zu echten und rechten oder sittlich guten Menschen zu machen.[1]

---

§. 16.
Die Selbständigkeit der Kirche.

1. Der Mensch ist als das vernünftige Wesen der Sinnenwelt der irdische Zweck[2] und muß sich deshalb zu erhalten und allseitig oder nach innen und außen zu entwickeln streben.[3] Da dies nur innerhalb und vermittelst der Gesellschaft möglich ist, so dient zu der Entwicklung seines äußeren Lebens der Staat, zu der seines inneren die Kirche.[4] Wie der einzelne Mensch, so müssen auch Staat und Kirche sich zu erhalten und zu entwickeln streben, denn ist das menschliche Einzelwesen Zweck, so ist dies auch die menschliche Gesamtheit. Nun muß der Einzelmensch, um sich selbst erhalten und entwickeln zu können, seinem eigenen Selbst entsprechend

---

[1] Kant definiert die Kirche als „ein ethisches Gemeinwesen, welches die Erfüllung und möglichst vollkommene Darstellung der moralischen Gebote zum Zwecke hat." Diese Definition ist zu weit, denn sie paßt auf jeden Orden und jede Pfarrgemeinde.
[2] Vgl. §. 1.
[3] Vgl. §. 2.
[4] Vgl. §. 10.

handeln; hierauf mußten wir bei der Darstellung der Moral[1]) und der Freiheit[2]) hinweisen. Ebenso muß sich der Staat nach seinem eigenen Selbst entwickeln; hieraus erkannten wir die Verbindlichkeit des Naturrechtes und die Volkstümlichkeit des positiven Rechtes.[3]) Ganz dasselbe muß auch von der Kirche gelten. Auch sie muß sich zu erhalten und zu entwickeln streben und auch sie muß zu diesem Zwecke ihrem eigenen Selbst entsprechend handeln. Wenn sie aber ihrem eigenen Selbst entsprechend handeln muß, so muß sie sich auch nach ihrem eigenen Selbst bestimmen dürfen, d. h. sie muß frei sein, denn „das Wesen der Freiheit ist, nur durch sein Selbst bestimmt zu werden" (Stahl).

2. Die Kirche ist der Ausdruck des Menschentums, der Staat die Verkörperung des Volkstums.[4]) Nun ist das Menschentum unabhängig vom Volkstum, denn bei jedem Volke — es sei auch, wie es sei — ist der Mensch derselbe. Darum muß auch die Kirche unabhängig sein vom Staate. — Die Kirche hat es mit dem Menschen, der Staat mit dem Bürger zu thun. Beide wollen die Vollkommenheit unseres Geschlechtes, nur will jene gute Menschen, dieser tüchtige Bürger. Da es nun bei jedem Volke der Erde möglich sein muß, ein guter Mensch zu sein, so muß auch bei jedem Volke der Erde die Kirche ihre hierauf zielende Thätigkeit voll und ganz entfalten können. Wenn der Staat in das Gebiet der Kirche eingreift, so unterwirft er den Menschen in seinen rein menschlichen Beziehungen den bürgerlichen Gesichtspunkten und damit leidet der Mensch durch den Bürger. — Das Menschentum ist allgemein, unveränderlich, in einem gewissen

---

[1]) Vgl. §. 2.
[2]) Vgl. §. 5.
[3]) Vgl. §. 3.
[4]) Vgl. §. 10.

Sinne ewig,[1]) das Volkstum dagegen partikulär, veränderlich, vergänglich. Wäre es nun noch vernunftgemäß, die Verkörperung jenes Menschentums von der Verkörperung dieses Volkstums abhängig zu machen?

3. Die Kirche ist vernunftnotwendig.[2]) Was aber vernunftnotwendig ist, trägt in sich selbst die Berechtigung zu sein, sich zu erhalten und zu entwickeln. Darum hat die Kirche dieses Recht nicht etwa vom Staate entlehnt, sondern besitzt es als ein »proprium et constans jus«.[3]) Wenn das Sein der Kirche vernunftnotwendig ist, so ist es auch vernunftnotwendig, daß ihr Wirken der Ausfluß ihres eigenen, nicht aber eines fremden Wesens sei. — Auch der Staat hat seinen Rechtsgrund in seiner Vernunftnotwendigkeit; so lehren jetzt alle Staatsrechtslehrer.[4]) Wenn er nun das Recht der Kirche negiert, welche doch denselben Rechtsgrund in sich hat, so negiert er damit auch seinen eigenen Rechtsgrund.

4. Das Sittengesetz ist unbedingt verbindlich und muß infolgedessen unser inneres und äußeres Leben zugleich beherrschen. Wenn es nun auch der höchste Beruf des Staates ist, das Sittengesetz in unserem äußeren Leben durch die Rechtsordnung zur Geltung zu bringen,[5]) so ist es ihm doch ganz unmöglich, es auch in unserem Inneren durchzuführen.[6]) Darum muß er dies der Kirche überlassen, welche gerade hierzu berufen ist. — Das Sittengesetz äußert sich für unser Inneres als Moral, für unser Äußeres als Recht. Wenn die Kirche überhaupt einen Zweck hat, so muß dieser Zweck in der Durchführung der Moral bestehen. Nun ist die Moral durchaus unabhängig vom Rechte. Darum muß auch

---

[1]) Vgl Hagemann, G., Metaphysik, Münster 1870, S. 22.
[2]) Vgl. §. 10.
[3]) Syllab. Prop. 19.
[4]) Vgl. §. 10.
[5]) Vgl. §. 11.
[6]) Vgl. §. 12.

die gemeinsame Thätigkeit für die Moral unabhängig bleiben von dem gemeinsamen Streben nach Recht. — Das Sitten=gesetz fordert unbedingt, daß die Kirche sei, sich erhalte und entwickle.¹) Damit fordert es auch — nach Nr. 1 — daß die Kirche nach ihrem eigenen, nicht aber nach einem fremden Selbst für sich thätig sei.

5. Da die Freiheit in der Selbstbestimmung nach dem eigenen Selbst besteht, so muß man sich in seinem inneren Leben auch nur nach seinem eigenen Inneren richten können. Wenn man sich auch da einem äußeren Zwange unterwerfen müßte, so wäre man nicht mehr frei.²) Trifft nun der Staat Maßregeln auf kirchlichem Gebiete, so bringt damit die Außenwelt bestimmend in unsere Innenwelt hinein und macht uns unfrei. „Das innerste, individuelle Leben des Menschen aufzufordern, ist ewig nur Sache Gottes, nicht menschlicher Herrschaft" (Stahl).³)

---

¹) Vgl. §. 14.
²) In Rußland z. B. wird man wegen Abfall vom orthodoxen Glaubensbekenntnis nach Sibirien deportiert. Wenn auch Hegel die Freiheit vom Besitze abhängig macht, so ist doch der ärmste Mann in Preußen freier wie ein russischer Fürst. — Leo XIII. in der Encyklika Immortale Dei vom 1. November 1885: „Atque illud quoque magnopere cavere Ecclesia solet ut ad amplexandam fidem catholicam nemo invitus cogatur, quia quod sapienter Augustinus monet, credere non potest homo nisi volens." (Tract. XXVI. in Joan. n. 2.)
³) Geffcken a. a. O., S. 11: „Jeder Versuch, den Staat auch auf geistigem und religiösem Gebiete zur herrschenden Gewalt zu machen, muß zur Unterdrückung und Verfolgung führen und somit zum Verderben des Staates selbst ausschlagen, einerlei ob solcher Despotismus von einem Monarchen wie Ludwig XIV. oder von den Schülern Rousseaus im Konvent geübt wird. . . . Namentlich ist das Hineinregieren der Obrigkeit in rein inneren Angelegenheiten der Religionsgemeinschaften durchaus unvereinbar mit der größten Wohlthat der Religion, der Er=ziehung zur sittlichen Freiheit. Selbst wenn der Staatsgewalt der Ge=danke einer Beschränkung der Gewissensfreiheit von vornherein dabei

6. Der unüberwindliche Glückseligkeitstrieb des Menschen fordert zu seiner Befriedigung innere, sittliche Vollkommenheit und äußere Wohlfahrt.[1]) Unzweifelhaft ist jene durch die Kirche, diese durch den Staat zu erreichen. Nun ist die sittliche Vollkommenheit unabhängig von der äußeren Wohlfahrt, denn es ist klar, daß man ein guter Mensch sein kann, ob man reich oder arm, vornehm oder gering, civilisiert oder Nomade ist. Deshalb muß auch das gemeinsame Streben nach sittlicher Vollkommenheit unabhängig bleiben von dem gemeinsamen Streben nach Wohlfahrt.

7. Die Kirche gehört zu denjenigen Lebensverhältnissen, welche schon mit der Natur des Menschen gegeben sind. Daß aber diese in ihrem vollen Umfange durch jede Volksordnung anerkannt werden müssen, haben wir schon in §. 6 nachgewiesen.

8. Der Zweck der Kirche, d. i. die sittliche Vervollkommnung des Menschen ist unabhängig von den Zwecken des Staates: Recht, Wohlstand, weltliche Bildung.[2]) Eben so selbständig ist die Kirche in ihren Mitteln. Sie wirkt durch Lehre und Kultus; hierzu braucht sie den Staat nicht. Es ist ja selbstverständlich, daß zu der vollen Entfaltung ihres Wirkens auch der äußere Rechtsschutz von seiten des Staates notwendig ist, aber daß dies nicht wesentlich, nicht Lebens-

---

ganz fern läge, so würde eine solche Politik in ihren Konsequenzen doch unabweislich dazu führen, und gelänge der Versuch, die Religionsgesellschaften einfach zu staatlichen Organen zu machen, so würden dieselben zugleich ihrer geistigen Würde beraubt und zur intellektuellen Polizeianstalt herabgedrückt. Eine solche mag bequem für den Staat sein, aber sie kann nie jenen Aufgaben gerecht werden, welche von unermeßlicher Wichtigkeit für das nationale Leben sind und die der Staat seiner Natur nach nie zu erfüllen vermag."

[1]) Vgl. §. 2.
[2]) In §. 4 haben wir gezeigt, daß die Sittlichkeit auch mit aller weltlichen Wissenschaft noch nicht gegeben ist.

bedingung für die Kirche sein kann, beweist ihre frühefte Vergangenheit in Rom und ihre Gegenwart in Afien. Dort wurde und wird fie durch die Staatsgewalt direkt verfolgt und dennoch erhielt und erhält fie fich nicht nur »on pourrait dire que les humiliations de l'Église, sa dispersion, la destruction de ses temples, les souffrances de ses martyrs sont le temps de sa gloire.«[1]) Nun ift jedes in feinem Zwecke und feinen Mitteln felbftändige Gemeinwefen eine vera perfectaque societas.[2]) Darum ift dies die Kirche ebenfo wie der Staat.[3]) Auch ihrem juriftifchen Wefen nach fteht fie dem Staate felbftändig gegenüber.

9. Dies ift auch politifch notwendig. Alle Völker rivalifieren miteinander und ftarren in Waffen, fo daß Europa einem Heerlager gleicht. Soll nun die Menfchheit nicht allen Zufammenhang verlieren, fo bedarf es eines einigenden Bandes. Diefes kann nur die Verkörperung des Menfchentums, d. i. die Kirche fein.[4]) Soll aber die Kirche alle Nationen einigen und miteinander verföhnen, fo muß fie felbft von jeder Nation unabhängig fein. Ihre Selbftändigkeit ift ein europäifches Bedürfnis. Außerdem ift ihr Wirken — vgl. §. 17 — ftaatserhaltend. Darum liegt es im wohlverftandenen Intereffe eines Staates, diefes ihr Wirken nicht zu lähmen.[5])

---

[1]) Montesquieu, Considérations sur les causes de la grandeur des Romains et de leur décadence Leipzig 1871, S. 156.

[2]) S. Thom. 1. 2 qu. 90. art. 3. ad 3. Leo XIII. a. a. O.

[3]) Sy.lab. Prop. 19. Alloc. S ngulari quadam 9. Decemb. 1854.; Multis gravibusque 17. Decemb. 1860.; Maxima quidem 9. Jun. 1862. Leo XIII. in der Encyklika Immortale Dei v. 1. November 1885: „Intelligi debet, Ecclesiam societatem esse, non minus quam ipsam civitatem, genere et jure perfectam."

[4]) Leo XIII. in der Encyklika Inscrutabili Dei consilio vom 21. April 1878: „Apostolica Sedes . . . sacrum fuit concordiae vinculum quod nationes dissitas moribusque diversas inter se consociavit."

[5]) Leo XIII. in der Encyklika Diuturnum illud vom 29. Juni

Über die ganze Welt herrscht das »agere sequitur esse«; es herrscht auch über die Kirche. Kein Mensch, kein Staat kann sein eigenes Wesen nach seinem Willen verändern, auch die Kirche kann es nicht. Wie jeder Mensch und jeder Staat, so steht darum auch die Kirche mit ihrem Willen unter dem Gesetze ihres eigenen Wesens Niemals darf sie thun, was ihrem Wesen widerspricht; niemals darf sie preisgeben, was zu ihrem Wesen gehört. Wird dies von ihr gefordert, so kann sie nur »Non possumus« entgegnen. Dies ist nicht Eigensinn, nicht Herrschsucht, nicht Fanatismus; dies ist wie bei dem Menschen die Moral, bei dem Staate das Naturrecht, eine Forderung des Sittengesetzes,[1]) denn darin besteht eben das Sittengesetz, daß alles, was einen Willen hat, seinen Willen beuge unter die unbedingten Forderungen seines eigenen Wesens. Wie aber jede Kraft bestrebt ist, nach ihrer Natur zu wirken, wie jede Pflanze alle Hindernisse für ihre Entwicklung nach ihrer Art zu überwinden sucht, wie jeder in Gefangenschaft geratene Mensch sich nach seiner Freiheit sehnt, wie jedes Volk sein Gut und Blut daran setzt, um in voller Unabhängigkeit nach seinem eigenen Selbst sich entwickeln und leben zu

---

1881: „Et, quod interest etiam reipublicae, ea Ecclesiam libertate frui posse sinant, qua sine injuria et communi pernicie privari non potest."

[1]) Leo XIII. in der Encyklika Inscrutabili Dei consilio vom 21. April 1878: „Ut in primis, eo quo possumus modo, jura libertatemque hujus Sanctae Sedis adseramus, contendere nunquam desinemus, ut . . . in eam rerum conditionem restituamur, in qua divinae Sapientiae consilium Romanos Antistites jampridem collocaverat. Ad hanc vero restitutionem postulandam movemur non ambitionis studio aut dominationis cupiditate; sed officii Nostri ratione et religiosis jurisjurandi vinculis, quibus obstringimur."

können, so betet auch die Kirche immerdar, nicht um Macht und Herrschaft, denn „mein Reich ist nicht von dieser Welt", sondern um die Freiheit, voll und ganz wirken zu dürfen für Gott und die Menschheit »ut destructis erroribus universis Ecclesia secura tibi Domine serviat libertate«.

---

§. 17.
Die Notwendigkeit der Eintracht von Staat und Kirche.

1. Das Sittengesetz hat unbedingten Anspruch auf Verwirklichung, kann aber in unserem inneren Leben nur durch die Kirche, in unserem äußeren nur durch den Staat verwirklicht werden. Darum sind Staat und Kirche auf gleiche Weise unbedingte Forderungen des Sittengesetzes, darum ist dessen Durchführung die höchste Aufgabe beider.[1] Wenn sie nun feindselig einander gegenübertreten und sich gegenseitig in ihrem Wirken hindern wollten, so würde die Verwirklichung des Sittengesetzes leiden müssen. Wenn die eine Autorität befehlen möchte, was die andere verbieten müßte, so würde die Achtung vor der Autorität überhaupt schwinden. Kampfgesetze würden das Rechtsgefühl des Volkes mindern und ein Attentat gegen die Majestät des Gesetzes sein, vor welcher sich doch jeder Mensch gern und willig beugen soll. Ein längerer Kampf beider Gewalten könnte nur die Verwilderung der Menge zur Folge haben. Die sittliche Weltordnung, welche in der allseitigen Durchführung des Sittengesetzes besteht, hat zu ihren Trägern Staat und Kirche

---

[1] Darum sind Staat und Kirche die notwendige Ergänzung füreinander.

und muß zusammenstürzen, wenn beide auseinandergehen. Staat und Kirche können ihre höchste Aufgabe nur dadurch lösen, daß sie in harmonischer Eintracht miteinander wirken. Ist jenes ihre sittliche Pflicht, so ist es auch dieses.

2. Beide sind vernunftnotwendig.[1]) Was aber vernunftnotwendig ist, kann sich selbst nicht widersprechen. Widersprechen also Staat und Kirche in ihrem Wirken einander, so ist dies vernunftwidrig.

3. In ihrer Vernunftnotwendigkeit liegt der natürliche Rechtsgrund beider.[2]) Nun aber kann man niemals durch den Rechtsgrund der Vernunftnotwendigkeit zu Vernunftwidrigem berechtigt sein. Folglich haben Staat und Kirche nicht das Recht, einander den Krieg zu erklären.

4. Es ist eine Forderung der Menschenwürde, daß sich der Mensch allseitig und möglichst zu entwickeln strebe.[3]) Nun dient zu seiner inneren sittlichen Entwicklung die Kirche, zu seiner äußeren der Staat. Nur wenn beide zusammenwirken, kann jene allseitige und höchste Vollkommenheit erreicht werden, welche die Forderung der Menschenwürde ist.

5. „Die sittliche Lebensordnung des Volkes ist zugleich die allgemeine Geltung unseres eigenen sittlichen Wesens in der Außenwelt, und darum die höchste Gewährung unserer Freiheit. Denn das gerade ist im höchsten Grade meine Freiheit, daß nicht bloß mein eigenes Handeln, sondern auch der Zustand der Nation ein Ausdruck meines sittlichen Wesens und Sehnens, also meines innersten Selbst ist, mein wahrer Wille sonach zur Geltung und Herrschaft gelangt, und es ist eine Verletzung meiner Freiheit, wenn mir durch öffentliche Zulassung eines entgegengesetzten Handelns der Anblick und Eindruck eines sittlich geordneten Gemeinlebens, man kann sagen, die sittliche Lebensatmosphäre entzogen wird,

---

[1]) Vgl. §. 10.
[2]) Vgl. §. 10.
[3]) Vgl. §. 2.

wenn ich ertragen muß, was mein sittliches oder religiöses Gefühl verletzt, und mir die öffentlichen Einrichtungen das versagen, was es erheischt. Es hat darum jeder kraft seiner Freiheit ein Recht darauf, daß eine solche Lebensordnung bestehe, daß die Familie in ihrer sittlichen Gestalt, die Kirche in ihrer Glaubensreinheit, das ganze öffentliche Leben in Zucht und Ehrbarkeit und zur Verherrlichung Gottes erhalten bleibe. Eine Verletzung der Freiheit ist darum nicht das Verbot und die Ahndung öffentlicher Unehrbarkeit, Gotteslästerung, beliebiger Ehescheidung, sondern deren Gestattung, nicht die Aufrechthaltung des kirchlichen Bekenntnisses, der Kirchenzucht, der Sonntagsfeier, sondern deren Preisgebung, nicht die kirchliche Ehe, sondern die Civilehe."[1])

6. Die Kirche ist die Verkörperung des Menschentums, der Staat die des Volkstums. Nun ist jedermann Mensch und Bürger zugleich. Wenn also Staat und Kirche miteinander streiten, so wird in jedem Menschen ein Zwiespalt hervorgerufen. Wir bemitleiden ein Kind, das zuhören muß, wie sich Vater und Mutter zanken. Ganz dasselbe gilt von den Unterthanen, wenn Kaiser und Papst in Konflikt mit-

---

[1]) So Stahl, F. J., die Philosophie des Rechtes, Tübingen und Leipzig 1878, Bd. 2, S. 325. Leo XIII. in der Encyklika Immortale Dei vom 1. November 1885: „Libertas, ut quae virtus est hominem perficiens, debet in eo quod verum sit, quodque bonum versari: boni autem verique ratio mutari ad hominum arbitrium non potest, sed manet semper eadem, neque minus est, quam ipsa rerum natura, incommutabilis. Si mens adsentiatur opinionibus falsis, si malum voluntas adsumat et ad id se applicet, perfectionem sui neutra consequitur, sed excidunt dignitate naturali et in corruptelam ambae delabuntur. Quaecumque sunt igitur virtuti veritatique contraria, ea in luce atque in oculis hominum ponere non est aequum: gratia tutelave legum defendere, multo minus. Sola bene acta vita via est in caelum, quo tendimus universi: ob eamque rem aberrat civitas a regula et praescriptione naturae, si licentiam opinionum praveque factorum in tantum lascivire sinat, ut impune liceat mentes a veritate, animos a virtute deducere."

einander stehen. Es ist dann keine Luft zu leben. Kein Mensch hat an einem solchen Kampfe seine Freude, man bekommt ihn satt und niemand will dann „angefangen" haben.

7. Beide Gewalten sind selbständig.¹) Nun giebt es eine ganze Reihe von sogenannten gemischten Sachen, welche ein staatliches und ein kirchliches Element untrennbar vereinigen. Auch sie müssen geordnet werden. Wenn nun die eine Gewalt einseitig, d. h. ohne sich mit der anderen ins Einvernehmen gesetzt zu haben, diese gemischten Sachen regeln wollte, so würde sie sich damit eines Eingriffs in die Kompetenz und Selbständigkeit der anderen schuldig machen. Hier ist ein gemeinsames und vertragsmäßiges Vorgehen die einzige ohne Rechtsverletzung mögliche Ausübung der eigenen Souveränität.²)

8. Jede der beiden Gewalten wirkt durch das direkte Eintreten für die eigenen Zwecke indirekt für die der anderen. Daß eine vollkommene Ordnung des äußeren Lebens, welche der Staat herbeizuführen strebt, der Kirche das Wirken bedeutend erleichtert, ist so unbestreitbar, daß jede weitere Ausführung überflüssig ist. Noch größer ist der Einfluß der Kirche auf die Erreichung der Staatszwecke. Indem sie alle Menschen sittlich zu machen sucht, wirkt sie mit allen ihren Mitteln darauf hin, jeden einzelnen mit der Tugend der Gerechtigkeit zu erfüllen. Unaufhörlich wirkt sie dafür, daß

---

¹) Leo XIII. a. a. O.: „Utraque (potestas) est in suo genere maxima: habet utraque certos, quibus contineatur, terminos, eosque sua cujusque natura caussaque proxima definitos; unde aliquis velut orbis circumscribitur, in quo sua cujusque actio jure proprio versetur."

²) Leo XIII. a. a. O.: „In negotiis autem mixti juris, maxime esse secundum naturam itemque secundum Dei consilia non secessionem alterius potestatis ab altera, multoque minus contentionem, sed plane concordiam, eamque cum caussis proximis congruentem, quae caussae utramque societatem genuerunt."

jeder seine Rechtspflichten willig und ganz erfüllt, sie wirkt für die bona fides, für die Ehrbarkeit in Handel und Wandel, für das vollständige Unterlassen einer jeden Rechtsverletzung, für die gewissenhafte Befolgung eines jeden Gesetzes.[1]) Die ganze Rechtspflege des Staates beruht dann auf dem Eid, aber für die Heiligkeit des Eides wirkt die Kirche. Ja selbst der schon geschehenen Rechtsverletzung gegenüber hat sie ein Tribunal, das an einschneidender Wirksamkeit hoch über jedem Gericht der Erde steht. Wir meinen unsere Beichte. Alle Menschen, die zum Gebrauche der Vernunft gelangt sind, verpflichtet sie unter Verweigerung der heiligen Sakramente und des kirchlichen Begräbnisses, sich alle Jahre wenigstens einmal vor dieses heilige Tribunal zu stellen. Hier bekennt man offen das Böse, das man gethan. Hat nun der Beichtende irgend jemand geschädigt oder verletzt, so muß ihm der Priester die sofortige Restitution oder sonst notwendige Genugthuung auflegen. Weigert sich der Beichtende, so muß ihm der Priester die Lossprechung von den Sünden versagen. Wenn die Genugthuung wohl versprochen aber dann nicht geleistet wird, so muß dies in

---

[1]) Leo XIII. in der Encyklika Quod Apostolici muneris vom 28. Dezember 1878: „Satagite ut vel a teneris annis omnes assuescant.... Principum legumque majestati obsequium praestare, a cupiditatibus temperare, et ordinem quem Deus sive in civili sive in domestica societate constituit, diligenter custodire." In der Encyklika Immortale Dei vom 1. November 1885: „Idemque (Augustinus) alio loco male sapientes reprehendens politicos philosophos: Qui doctrinam Christi adversam dicunt esse reipublicae, dent exercitum talem; quales doctrina Christi esse milites jussit, dent tales provinciales, tales maritos, tales conjuges, tales parentes, tales filios, tales dominos, tales servos, tales reges, tales judices, tales denique debitorum ipsius fisci redditores et exactores, quales esse praecipit doctrina christiana, et audeant eam dicere adversam esse reipublicae, immo vero non dubitent eam confiteri magnam, si obtemperetur, salutem esse reipublicae." (Epist. CXXXVIII (al. 5.) ad Marcellinum, cap. II, n. 15.)

der nächsten Beichte bekannt werden. Wird irgend etwas von Bedeutung wissentlich verschwiegen,¹) so ist die Beichte ungültig und deren Empfang ein Sakrileg. Es liegt auf der Hand, daß für die Durchführung der Rechtsidee ein solcher Beichtstuhl mehr wirken muß als ein Schwurgericht. Die Kirche sorgt dann für die Gesundheit des Einzel- und Familienlebens und diese ist die Voraussetzung eines gesunden Volkslebens.²) Sie mahnt ferner zur Vaterlandsliebe,³) so daß dieselbe in allen Herzen kräftig pulsiert. Sie mahnt zur Königstreue⁴) und schärft es als Gewissenspflicht ein, daß man dem König, dessen Gewalt von Gott ist,⁵) und

---

¹) Die Mitschuldigen dürfen nicht genannt werden. Hiernach zu fragen ist dem Priester bei Strafe der Exkommunikation verboten.

²) Leo XIII. in der Encyklika Quod auctoritate Apostolica vom 22. Dezember 1885: „Talis est enim civitas, qualis populorum fingitur moribus: et quemadmodum aut navigii aut aedium bonitas ex singularum pendet bonitate aptaque suis locis collocatione partium, eodem fere modo rerum cursus publicarum rectus et sine offensione esse non potest, nisi rectam vitae cives consequantur viam." Vgl. Aristoteles Polit. lib. 8. cap. 1.; S. Augustinus lib. 1. de Civit. Dei cap. 33.; S. Thomas Aquinas 1. 2., quaest. 92., art. 1. ad 3.

³) S. Bernardus de ordine vitae; Gloss. int. super Hierem. cap. 7.: „Naturale est natale suum diligere et nihil patria dulcius." Joan. Gers. Sermo 1. de omnibus Sanctis.

⁴) Leo XIII. in der Encyklika Diuturnum illud vom 29. Juni 1881: „... animi excelsitatem immobili erga principem fide cumulare."

⁵) Leo XIII. in der Encyklika Immortale Dei vom 1. November 1885: „Insitum homini natura est, ut in civili societate vivat.... Quoniam vero non potest societas ulla consistere, nisi si aliquis omnibus praesit, efficaci similique movens singulos ad commune propositum impulsione, efficitur, civili hominum communitati necessariam esse auctoritatem, qua regatur: quae, non secus ac societas, a natura proptereaque a Deo ipso oriatur auctore. Ex quo illud consequitur, potestatem publicam per se ipsam non esse nisi a Deo." Encyklika Quod Apostolici muneris v. 28. Dezember 1878. Encyklika Diuturnum illud vom 29. Juni 1881: „Ad

seinen Behörden Liebe, Ehrfurcht und Gehorsam erweisen soll.[1]) Darum ist einem kirchlich gesinnten Volke die Rebellion unmöglich.[2]) Ebenso wirkt die Kirche für den nationalen Wohlstand, indem sie die ethischen Triebfedern des ökonomischen Handelns belebt. „Hiermit übt sie einen, wenn auch mathematisch unberechenbaren, sicherlich jedoch sehr großen Einfluß auf die ökonomischen Verhältnisse aus, der gewiß weit höher in seinen Erfolgen anzuschlagen ist, als die Erfolge der negativen Strafmaßregeln."[3]) Der Wohlstand eines Volkes besteht nicht in großem Vermögen einzelner, sondern „in dem Besitze eines unverschuldeten, sicheren Eigentums für die größte, mögliche Zahl der Bürger und eines für das wahre Bedürfnis reichlich genügenden Einkommens, daher die Wohlhabenheit notwendig von frugalen Sitten abhängt". (Niebuhr.) Die Kirche macht die Arbeit (im weitesten Sinne) zur sittlichen Pflicht[4]) und verurteilt den Müßiggang; sie predigt Mäßigkeit, Ruhe und Zufriedenheit.[5]) Der Not tritt sie entgegen durch ihr Gebot der

---

politicum imperium quod attinet, illud a Deo proficisci recte docet Ecclesia . . . neque praeterea ulla potest doctrina cogitari, quae sit magis aut rationi conveniens, aut principum et populorum saluti consentanea."

[1]) Darum pflegte Maria Leszczynska zu sagen: „Ein König, der sein Volk Gott achten läßt, hat nicht nötig, für seine Person Respekt zu fordern."

[2]) Leo XIII. in der Encyklika Immortale Dei vom 1. November 1885: „. . . Obedientiam abjicere et per vim multitudinis rem ad seditionem vocare est crimen majestatis neque humanae tantum sed etiam divinae."

[3]) So Bischof, H., Grundzüge eines Systems der Nationalökonomik, Graz 1874, S. 132.

[4]) Vgl. §. 2.

[5]) Leo XIII. in der Encyklika Quod Apostolici muneris vom 28. Dezember 1878: „Opportunum videtur artificum atque opificum societates fovere, quae sub religionis tutela constitutae omnes socios sua sorte contentos operumque patientes efficiant, et ad quietam et tranquillam vitam agendam inducant." Vgl. S. Ed-

werkthätigen Nächstenliebe, das sie für ein höchstes erklärt, durch die Wohlthätigkeitsanstalten,¹) welche sie allenthalben in das Leben ruft, durch ihre Lehre vom Eigentume, in deren allgemeinen Befolgung wir das einzige Mittel zur Lösung der socialen Frage erkannt haben.²) Auch für Volks= bildung, Wissenschaft und Kunst tritt die Kirche ein.³) Sie hat das Verdienst, die Volksschule während des Mittelalters erhalten zu haben (Raumer); die Universität ist ihre Schöpfung; ihr Klerus war so sehr der Träger der Wissen= schaft, daß auch jetzt noch der Unwissende ein Laie genannt

---

mundus in Specnl. Eccles. cap. 6.; S. Petrus Chrysologus Serm. 166.

¹) Leo XIII. a. a. O.: „Nec tamen idcirco pauperum curam negligit, aut ipsorum necessitatibus consulere pia mater praetermittit: quin imo materno illos complectens affectu, et probe noscens eos gerere ipsius Christi personam, qui sibi praestitum beneficium putat, quod vel in minimum pauperem a quopiam fuerit collatum, magno illos habet in honore: omni qua potest ope sublevat; domos atque hospitia iis excipiendis, alendis et curandis ubique terrarum curat erigenda, eaque in suam recipit tutelam."

²) Vgl. §. 8. Leo XIII. a. a. O.: „Et cum ad Socialismi pestem avertendam tantam Ecclesiae Christi virtutem noverint inesse, quanta nec humanis legibus inest, nec magistratuum cohibitionibus, nec militum armis, ipsam Ecclesiam (principes, in eam tandem conditionem libertatemque restituant, qua saluberrimam vim suam in totius humanae societatis commodum possit exercere "

³) Leo XIII. in der Encyklika Immortale Dei vom 1. November 1885: „Quibus in studiis, non adversatur Ecclesia si quid mens repererit novi: non repugnat quin plura quaerantur ad decus commoditatemque vitae: immo inertiae desidiaeque inimica, magnopere vult ut hominum ingenia uberes ferant exercitatione et cultura fructus: incitamenta praebet ad omne genus artium atque operum." Encyklika Aeterni Patris Unigenitus vom 4. August 1879: „Idcirco supremi Ecclesiae Pastores muneris sui perpetuos esse duxerunt etiam veri nominis scientiam totis viribus provehere."

wird. Ein einziger ihrer Orden zählt sechstausend Schriftsteller auf allen Gebieten des menschlichen Wissens und immer wieder mahnen Papst und Bischof alle Priester zur eifrigsten Pflege der Wissenschaft. Und sind nicht die Kultusstätten der Kirche die Stätten der Kunst? Die religiöse Darstellung ist der an Würde und Schönheit bedeutsamste Zweig aller Künste; Rom ist für den Künstler, was Mekka für den Mohammedaner.[1]) — Da die Kirche durch ihr Wirken für ihre eigene Aufgabe auch die Staatszwecke so mächtig fördert, so ist sie von Natur aus eminent staatserhaltend. Deshalb kann niemals ein kirchlich gesinnter Mensch zu einer staatsfeindlichen Partei gehören. Wenn aber einerseits die Kirche staatserhaltend ist und andererseits die Gesundheit des Staatslebens das kirchliche Wirken erleichtert,[2]) so fördert jede der beiden Gewalten durch die direkte Förderung der anderen indirekt — sich selbst.[3])

9. Die Eintracht von Staat und Kirche ist endlich eine Forderung der politischen Klugheit. Diese rät, die „Schläge ins Wasser" einem Xerxes zu überlassen. Gerade die mächtigsten Staaten haben in den Perioden eines ganz besonders gesteigerten Machtgefühls den Versuch gemacht, die

---

[1]) Leo XIII. in der Encyklika Inscrutabili Dei consilio vom 21. April 1878: „Testatur Nostra haec alma Urbs Pontificum Sedes, quae hunc ex iis fructum maximum cepit, ut non solum arx fidei munitissima esset, sed etiam bonarum artium asylum et domicilium sapientiae effecta, totius orbis erga se admirationem et observantiam conciliaret."

[2]) Leo XIII. in der Encyklika Arcanum divinae sapientiae vom 10. Februar 1880: „Si cum sacra Ecclesiae potestate civilis auctoritas amice congruat, magna utrique necesse est fiat utilitatis accessio. Alterius enim amplificetur dignitas, et, religione praeeunte, nunquam erit non justum imperium: alteri vero adjumenta tutelae et defensionis in publicum fidelium bonum suppeditantur."

[3]) Leo XIII. in der Encyklika Quod Apostolici muneris vom 28. Dezember 1878: „Principes . . . sentiant, rationes regni et religionis ita esse conjunctas, ut quantum de hac detrahitur, tantum de subditorum officio et de imperii majestate decedat."

Selbständigkeit der Kirche zu beschränken, doch niemals ist es ihnen gelungen, den Widerspruch derselben zum Schweigen zu bringen. Man hat ihre Lebensadern zu unterbinden versucht, doch der „Zimmermannssohn aus Nazareth" hat seine Kirche aus dem Palmenholz des Xenophon gezimmert, das je mehr belastet zu einem desto widerstandsfähigeren Bogen sich wölbt.[1]) Gegen Ideen sind auch die mächtigsten Machtmittel machtlos. In früheren Zeiten, als die Masse des Volkes noch ungebildet war und die Ideen infolgedessen nur wenig Verständnis fanden, da war es noch einem mächtigen und energischen Staatsmanne möglich, einen längeren Druck auch auf die Kirche auszuüben. Dies wäre jetzt nur noch eine Velleität. Denn in unseren Tagen, da die Bildung in die breitesten Schichten des Volkes gedrungen ist, da fast jedermann der Aufklärung durch das Wort, das Buch, die Tagespresse zugänglich ist, ist jede Idee und damit auch die der Kirche ein unüberwindlicher Turm. Denn — wie der Rechtsphilosoph Trendelenburg sagt[2]) — „sobald ein Gesetz dem Volksbewußtsein nicht entspricht, zieht es auch aus dem Volksbewußtsein keine Kraft und es ist gebrechlich wie Holz, welches keine Säfte mehr hat. Es wird in jedem Falle übertreten oder umgangen werden, in welchem es mit etwas, was in den Bürgern mehr Leben hat, in Widerspruch gerät." Hieran muß natürlich jede Staatsgewalt scheitern. Die Kirche hat ihre mächtigste Stütze auf Erden in der Bildung des Volkes; darum geht sie einer Zukunft entgegen, welche noch großartiger sein wird, als ihre Vergangenheit war und ihre Gegenwart ist. Bei einem Konflikt beider Gewalten wird die staatserhaltende Kraft der Kirche lahm gelegt; die kirchlichen Elemente werden sogar, wenn auch widerwillig und zögernd, so doch in die Opposition gedrängt.

---

[1]) Petrus Blesens. Epist. 125.: „Proprium est Ecclesiae, ut tunc vincat, cum laeditur; tunc intelligat, cum arguitur; tunc secura sit, cum deseritur; tunc obtineat, cum superata videtur."
[2]) Naturrecht auf dem Grunde der Ethik. Leipzig 1868, S. 19.

Deshalb bient niemals ein Kirchenstreit zur Stärkung der Regierungsgewalt. Dies beweist auch die Geschichte. Montesquieu führt in seinem klassischen Buche »Considérations sur les causes de la grandeur des Romains et de leur décadence« den Fall von Byzanz hierauf zurück. »La source la plus empoisonnée de tous les malheurs des Grecs, c'est qu'ils ne connurent jamais la nature ni les bornes de la puissance ecclésiastique et de la séculière: ce qui fit que l'on tomba de part et d'autre dans des égarements continuels. Cette grande distinction, qui est la base sur laquelle pose la tranquillité des peuples, est fondée non seulement sur la religion mais encore sur la raison et la nature, qui veulent que des choses réellement séparées, et qui ne peuvent subsister que séparées, ne soient jamais confondues.« Das römische Reich deutscher Nation erschöpfte seine Kraft im Kampfe gegen Rom, auch Napoleon I. unterlag, selbst die neueste Zeit bewahrheitet das Sprichwort: »On ne mange pas impunément du Pape.«

So resultiert als unbedingte Forderung des Sittengesetzes, der Vernunft, der Freiheit und politischen Klugheit das einträchtige Zusammenwirken von Staat und Kirche für die vernünftige dem Menschengeschlechte notwendige Ordnung.[1])

---

[1]) Leo XIII. in der Encyklika Arcanum divinae sapientiae vom 10. Februar 1880: „Hujusmodi autem compositione ac fere harmonia non solum utriusque potestatis optima ratio continetur, sed etiam opportunissimus atque efficacissimus modus juvandi hominum genus in eo quod pertinet ad actionem vitae et ad spem salutis sempiternae." Encyklika Immortale Dei vom 1. November 1885: „Illud enim perpetuae legis instar habendum est, quod Ivo Carnutensis ad Paschalem II. Pontificem maximum perscripsit, cum regnum et sacerdotium inter se conveniunt, bene regitur mundus, floret et fructificat Ecclesia. Cum vero inter se

Darum handelt jeder, der einen Konflikt beider Gewalten schürt, entweder dolo malo oder culpa lata. Dolo malo, d. h. wider Wissen und Gewissen, um die bestehende Ordnung zu stürzen.[1]) Culpa lata, d. h. in frevelhaftem Leichtsinn sich wichtiger Dinge unterfangen, von denen man nichts versteht.

So tritt an alle eine Mahnung heran. Der Geschichtsforscher Johannes v. Müller schloß sein großes Werk mit den Worten: „Die eine große Lehre der Weltgeschichte ist — Mäßigung."[2])

Damit schließen auch wir. Vale!

---

discordant, non tantum parvae res non crescunt, sed etiam magnae res miserabiliter dilabuntur." (Ep. CCXXXVIII.)

[1]) Leo XIII. a. a. O.: „De rationibus rei sacrae reique civilis distrahendis sic idem Pontifex (Gregor. XVI. Encyc. Mirari vos. 15. Aug. 1832): „Neque laetiora et religioni et principatui ominari possemus ex eorum votis, qui Ecclesiam a regno separari, mutuamque imperii cum sacerdotio concordiam abrumpi discupiunt. Constat quippe, pertimesci ab impudentissimae libertatis amatoribus concordiam illam, quae semper rei et sacrae et civili fausta exstitit et salutaris." Vgl. S. Augustinus ep. 3.

[2]) Leo XIII. in der Encyklika Arcanum divinae sapientiae vom 10. Februer 1880: „Nos igitur, harum rerum consideratione permoti, cum studiose alias, tum vehementer in praesenti viros principes in concordiam atque amicitiam jungendam iterum hortamur; iisdemque paterna cum benevolentia veluti dexteram primi porrigimus, oblato supremae potestatis Nostrae auxilio, quod tanto magis est hoc tempore necessarium, quanto jus imperandi plus est in opinione hominum, quasi accepto vulnere, debilitatum. Incensis jam procaci libertate animis, et omne imperii, vel maxime legitimi, jugum nefario ausu detrectantibus, salus publica postulat, ut vires utriusque potestatis consocientur ad prohibenda damna, quae non modo Ecclesiae, sed ipsi etiam civili societati impendent."

www.ingramcontent.com/pod-product-compliance
Lightning Source LLC
Chambersburg PA
CBHW032153160426
43197CB00008B/897